1941년	10월, 베를린에서 유대인이 추방당하기 시작하자, 이들을 방첩대 요원으로 위장해 구출하는 "작전7"을 수행하다.
1943년	1월 13일, 37세에 마리아 폰 베데마이어와 약혼하다. 4월 5일, 게슈타포의 가택수색으로 한스 폰 도나니 부부, 요제프 뮐러 부부와 함께 체포되다.
1944년	1월, 수사책임자 뢰더가 교체되어 기소가 무기한 연기되다. 7월 20일, 슈타우펜베르크가 히틀러 암살을 시도하다. 9월 22일, 게슈타포 수사관 존더레거가 초센 방첩대 방공호에서 히틀러의 범죄성을 입증할 증거자료로 보관하던 문서철을 적발하다. 10월, 프린츠-알브레히트-슈트라세 게슈타포 지하 감옥으로 이송되다.
1945년	2월 7일, 부헨발트 강제수용소로 이송되다. 4월 3일, 부헨발트에서 레겐스부르크로 이송되다. 4월 6일, 쇤베르크(바이에른 삼림지대)로 이송되다. 이틀 뒤 플로센뷔르크로 이송되어, 야간에 즉결재판을 받다. 4월 8일, 플로센뷔르크로 이송되어, 야간에 즉결재판을 받다. 4월 9일 새벽, 플로센뷔르크 강제수용소에서 39세의 나이로 교수형에 처해지다. "이로써 끝입니다. 하지만, 나에게는 삶의 시작입니다"라는 마지막 말을 남기고 떠난 그의 묘비에 "디트리히 본회퍼, 그의 형제들 가운데 서 있는 예수 그리스도의 증인"이라는 비문이 새겨지다.
1951년	9월, 뮌헨의 카이저 출판사가 유고 문서집 『옥중서신—저항과 복종』(Widerstand und Ergebung)을 출간하다.
1996년	8월 1일, 베를린 지방법원이 본회퍼의 복권 탄원건에 대해 "본회퍼의 행동은 결코 국가를 위태롭게 할 의도가 아니었으며, 오히려 나치의 폐해로부터 국가와 국민을 구한 행동이었다"는 취지로 판결하다.

복 있는 사

오직 여호와의 율법을 즐거워하여 그 율 야로 묵상하는 자로다.
저는 시냇가에 심은 나무가 시절을 좇아 과실을 맺으며 그 잎사귀가 마르지 아니함 같으니
그 행사가 다 형통하리로다.(시편 1:2-3)

그리스도의 몸이어야 할 교회가 깊이 병들었다. 교회를 떠나는 이들도 늘고 있다. 『성도의 공동생활』에서 본회퍼는 교회가 그리스도의 몸이 된다는 것이 어떤 것인지를 소상하게 일러 준다. 규칙적인 기도와 성경 읽기, 묵상과 성례전적 사귐을 몸으로 체득할 때 비로소 공동체로 현존하시는 그리스도와 만날 수 있다는 것이다. 교회 생활에 멀미하는 이들이라면 일단 이 책을 정독할 필요가 있다. '홀로' 그리고 '함께' 걷는 길이 수렴되는 곳, 바로 그곳에서 우리는 하나님 나라를 경험한다.

김기석 청파교회 담임목사

오늘날 한국 교회에 본회퍼만큼 절실히 필요한 사람이 또 있을까? 『나를 따르라』는 예수 그리스도에 대한 나의 열정을 뜨겁게 해준 책이며, 『성도의 공동생활』은 나의 목회의 교본이다. 또한 『옥중서신—저항과 복종』은 나의 영혼을 비추어 보게 하는 맑은 거울이다. 이 세 권만 가져도 기독교 신앙의 정수를 맛볼 수 있다. 원본에 충실하고 유려한 번역 또한 본회퍼의 영혼을 직접 만나기에 부족함 없이 큰 도움이 된다.

김영봉 와싱톤사귐의교회 담임목사

이 책은 나치와 히틀러에 저항하는 독일 고백교회 목회자들을 양성하기 위하여 세워진 핑켄발데 지하신학원 교수였던 본회퍼 자신의 경험을 반추하는 수도사적 경건 일기다. 목회의 의미, 교회의 의미, 그리고 목회자의 영적 수련의 의미를 성찰하는 이 책은 본회퍼의 목회자적 면모가 잘 드러난다. 이 책은 특히 '홀로 있음'과 '함께 있음'의 차이를 분별하고, 개인적 경건 생활과 공동체적 영성이 얼마나 잘 조화될 수 있는지를 보여준다. 하나님을 대적하는 악의 화신들 앞에서 백병전을 벌여야 하던 독일 고백교회의 영성과 신학적 기상이 잘 드러난 이 책은, 모든 교역자들뿐만 아니라 세속사회에서 만인제사장적인 사명감으로 그리스도의 제자로 살아가고자 하는 그리스도인들이 필독해야 할 고전이다.

김회권 숭실대학교 기독교학과 교수

성도의 공동생활

Dietrich Bonhoeffer

Gemeinsames Leben

Dietrich Bonhoeffer
성도의 공동생활
Gemeinsames Leben

디트리히 본회퍼 지음

정현숙 옮김

복 있는 사람

성도의 공동생활

2016년 9월 19일 초판 1쇄 발행
2024년 12월 30일 초판 18쇄 발행

지은이 디트리히 본회퍼
옮긴이 정현숙
펴낸이 박종현

(주) 복 있는 사람
주소 서울특별시 마포구 연남동 246-21(성미산로23길 26-6)
전화 02-723-7183(편집), 7734(영업·마케팅)
팩스 02-723-7184
이메일 hismessage@naver.com
등록 1998년 1월 19일 제1-2280호

ISBN 979-11-92675-01-5 04230

Gemeinsames Leben
by Dietrich Bonhoeffer

Originally published in 1939 in German under the title
Gemeinsames Leben by Chr. Kaiser Verlag
All rights reserved.
This Korean translation edition © 2016 by The Blessed People Publishing Inc.,
Seoul, Republic of Korea.

이 한국어판의 저작권은 (주) 복 있는 사람에 있습니다.
신저작권법에 의하여 한국 내에서 보호받는 저작물이므로 무단 전재와 무단 복제를 금합니다.

차례

일러두기 　　이 책의 성경 인용은 『개역개정』을 따랐다.

해설의 글

본회퍼의 『성도의 공동생활』, 『나를 따르라』, 『옥중서신—저항과 복종』 이 세 권을 새롭게 번역하여 출판하게 된 것을 매우 기쁘게 생각한다. 신학 수준이나 논의의 넓이나 깊이에서 보면 신학자 본회퍼의 다른 저서인 『성도의 교제』, 『존재와 행위』, 『창조와 타락』, 그리고 사후에 출판된 『윤리학』이 보다 중요할 것이다. 그러나 책이 담고 있는 메시지의 강도나 기독교 신앙의 뿌리를 파고드는 근본성이나 철저성, 둥치를 붙잡고 씨름하는 본회퍼의 치열함의 관점에서 보면 이번에 출판하는 세 권의 책은 우리를 압도하고, 경악하게 하고, 우리 자신을 예수 그리스도 앞에 무릎을 꿇지 않고는 견딜 수 없게 만든다.

본회퍼의 이 세 권의 책은 군사 독재와 유신 독재가 진행되던 1960년대 말과 1970년대 초 한국 교회에 일정한 이바지를 하였다. 많은 젊은이가 이 책들을 통해 본회퍼를 알게 되었고 그의 영향을 받았다. 우리말로는 『옥중서간』이라 번역된 본회퍼의 독일어판 *Widerstand und Ergebung*을 1971년 부산 보수동 헌책방 골목에서 발견하고는 그해 겨울 탐독한 기억이 난다. 그 당시 나는 신학 대학에 몸을 담고 있었다. 『성도의 공동생활』Gemeinsames Leben과 『나를 따르라』Nachfolge를 읽게 된 것은 그 뒤였다. 본회퍼와의 만남은 나에게는 고등학교 시절 키르케고르를 읽으면서 배운 질문인 '어떻게 참된 그리스도인이 될 것인가'를 다시 일깨워 준 계기가 되었다. 지금도 이 물음은 나에게 여전히 남아 있다. 어떻게 참된 그리스도인이 될 것인가?

본회퍼를 한국 기독교 대중들이 처음 읽게 되었을 때는 존 로빈슨의 『신에게 솔직히』, 루돌프 불트만의 『성서의 실존론적 이해』와 『역사와 종말론』, 파울 틸리히의 『궁극적 관심』, 『문화의 신학』, 『흔들리는 터전』, 『존재의 용기』 등이 번역되어 같이 읽히던 때였다. 이때는 아무래도 실존적 관심이 크게 작용하지 않았나 싶다. 본회퍼는 불트만이나 틸리히와 같은 실존 신학자에 넣을 수 없겠지만, 그가 이 실존적 맥락에서 읽혔던 것을 우리는 부정하기 힘들다. 본회퍼 신학에는 분명히 실존적인 면이 있기에 이러한 방식이 완전한 오독이라 할 수 없다. 그럼에도 본회퍼 신학이 지닌 철저성, 근원성, 근본성을 제대로 이해하는 데는 걸림돌이 되었다고 생각한다.

1960년대와 1970년대 본회퍼가 읽히기 시작할 때 국내에 들어온 또 다른 신학 사조는 '세속화 신학'이었다. 그 당시 토마스 알타이저나 반 뷰렌의 이른바 '사신 신학'이 소개되고 하비 콕스의 『세속도시』가 번역되어 읽혔다. 『옥중서간』에서 본회퍼는 '종교 없는 기독교'를 이야기하고 세상·세속성에 대한 관심을 강하게 드러내기 때문에 그를 후대의 신학자들은 '세속화 신학'의 선구자로 여겼다. 그의 관심이 탈종교, 심지어는 탈기독교에 있다고 보고 어떤 이들은 그를 종교다원주의자 중의 한 사람으로 보기까지 하였다. 이것도 완전히 오독이라 할 수는 없을 것이다. 그러나 본회퍼를 세속화 신학자로 읽는 것은 매우 일면적이라 하지 않을 수 없다. 이와 나란히 1960년대와 1970년대 한국 상황에서 본회퍼가 사람들에게 매력의 대상이 된 것은 히틀러 암살 음모에 가담했다는 이유로 급기야 죽임을 당한 일이었다. 본회퍼는 그의 생애에서 보듯이 안락한 삶을 선택하기보다는 언제나 자신의 생명을 감수해야 할 정도로 위험한 삶을 선택했으며, 그가 선택한 삶에 대한 신학적 사고 작업에 누구보다 철저하였다. 본회퍼가 소개될 당시는 박정희 대통령이 정권을 잡고 있었고 민주화에 대한 열망이 크게 일고 있었다. 이러한 맥락에서 본회퍼는 남미의 해방 신학자 구티에레스와 더불어 민중 해방 신학의 선구자로 읽히게 되었다. 본회퍼 사상에 이런 면이 없지 않지만 이러한 방식의 독해 또한 오독의 여지가 컸다고 말할 수밖에 없다.

오늘날 한국 교회가 처한 상황에서 본회퍼를 다시 새롭게, 새로운 번역으로 읽게 되는 의미가 무엇일까? 나는 한국 교회가 처한 세 가지 근본적인 상황이 다시 본회퍼 읽기를 필연적인 과제로 제공한다고 생각한다.

우선 무엇보다도 한국 교회는 어느 다른 시대, 어느 다른 지역에 비해 자본주의에 깊이 물든 교회의 모습을 하고 있다. 오늘날 한국 교회는 타인과의 경쟁이 삶의 방식이 되고, 돈이 주인이 되며, 욕구와 욕망이 삶을 추동하는 힘이 되고, 작은 것보다 큰 것이, 질보다는 양이, 거저 줌이나 나눔보다는 거래가 오히려 삶을 지배하는 가치가 된 자본주의 체제에 종속되어 버렸다. 여기에는 공동체가 들어설 자리가 없고 예수를 따르는 제자도는 기대할 수 없다. 예수 그리스도를 통해 받은 은혜는 손쉽게 유통되고 거래되고, 값싸게 소비된다. 본회퍼의 글은 이런 한국 교회의 현실을 적나라하게 드러내고 꾸짖고, 예수 그리스도를 우리의 삶 속에서 회복할 수 있는 길을 보여준다. 이것이 본회퍼를 오늘 이 땅에서, 참된 그리스도인이 되기를 희망하는 그리스도인이 읽어야 할 이유라 생각한다.

한국 교회의 두 번째 문제는 다른 사상, 다른 종교, 다른 삶의 방식을 가진 사람들과 함께 살아가는 방식을 모른다는 것이다. 기독교 아닌 다른 것에 대해서, 특별히 기독교 아닌 다른 종교에 대해서는 지극히 배타적인 삶의 방식을 그리스도인들은 어느 사이 몸에 익혔다. 이렇게 보는 태도는 한국인 특유의 문제라기보다 나와 남, 우리 것과 남의 것, 우리 지역과 다른 지역으로 구별하여 언제나 나 중심, 우리 중심으로 보는 인간의 습성에 뿌리를 두고 있다고 할 수 있겠으나, 우리의 경우에는 심하다고 하지 않을 수 없다. 이러한 상황에서 나는 본회퍼를 통해서 삶과 사상과 종교와 문화를 철저히 그리스도 중심적으로 보는 태도를 새롭게 배울 수 있다고 생각한다. 세상의 학문이나 세상의 예술, 세상의 종교를 만물을 구속하시고 회복하시는 그리스도 안에서 보고, 가려내고, 수용하고, 누리는 법을 우리가 본회퍼를 통해 배울 수 있으므로 나는 우리가 다시 본회퍼를 읽어야 한다고 생각한다.

한국 교회의 세 번째 문제로 나는 교회 안에 만연한 '실천적 무신론'을 지목하고자 한다. 입으로나 말로는 하나님의 존재를 인정하고 예배를 드리고 전도를 하지만 행실로는 삶에 열매가 크게 보이지 않는 것이 우리의 문제다. 믿지 않는 사람으로부터 '이기적이고', '배타적이며', '자기들끼리'만이라는 비난을 받게 되었다. 그 까닭을 생각해 보면 믿음으로 의롭게 된다는 가르침이 마치 삶 따로 믿음 따로인 것처럼 오해된 것이 무엇보다 큰 이유이고, 예수 그리스도를 믿는 믿음이 예수 따라 사는 삶임을 무시했기 때문이다. 입으로는 말로는 유신론자이지만, 실제로는 무신론자를 무수히 생산한 것이 현재 한국 교회의 현실이 되어 버렸다. 이러한 삶의 현실을 우리는 본회퍼와 더불어 생각하고, 본회퍼와 더불어 극복할 수 있다고 생각하기 때문에 나는 우리가 본회퍼를 다시 읽을 필요가 있다고 생각한다.

그렇다면 본회퍼를 어떻게 읽을 것인가? 본회퍼의 책은 수많은 정보를 담은 책이 아니다. 그러므로 예컨대 전화번호부나 신문을 읽듯이 찾고 싶은 것을 찾거나, 무슨 일이 일어났는지 알고 싶은 마음으로 읽어서는 안 된다. 또한, 본회퍼의 책은 수험서와도 다르다. 첫째, 둘째, 셋째 하면서 핵심 정리를 해야 할 그런 책이 아니다. 본회퍼의 책은 사도들의 서신과 같고, 구약 선지자들의 글과 같다. 무엇보다 우리 자신을 그분 앞에 내어놓기를 요구한다. 멀찌감치 뒤따라 걸어가거나 강 건너 불 보듯 할 것이 아니라 내 자신을 그분 앞에 내어놓고 나에게 하는 말로, 나의 삶을 보여주는 말로, 나의 모습을 비추는 거울로 생각하고 읽어야 한다. 나에게 절실한 마음으로, 나의 삶과 관련지어 읽어야 한다.

나에게 절실한 내용이 되도록 읽으려면, 무엇보다도 천천히 읽어야 한다. 빠르게 스쳐 가는 것이 아니라 마치 입안에 넣은 고기를 천천히 시간을 들여 씹듯이, 천천히 씹고 또

씹어, 그 맛이 완전히 입안에 녹아나도록 읽어야 한다. 그러고는 천천히 삼켜서 내 몸에 피가 되고 살이 되게 읽어야 한다. 둘째는 공감적인 읽기가 필요하다. 그가 하고자 하는 말, 그가 초대하는 생각, 그가 안타까워하는 일에 내 가슴을 내어놓고 같이 아파하고, 같이 슬퍼하고, 같이 기뻐하고 즐거워하는 마음으로 읽어야 한다. 셋째는 이러한 과정을 거치면서 비판적으로, 다시 말해 제대로 가려서 읽어야 한다. 제대로 잘 가려 읽으려면 본회퍼의 글을 먼저 이것과 저것, 이 구절과 저 구절을 잘 가려 구별하면서 읽어야 하고, 우리의 현실 상황에 비추어 비판적으로 읽어야 한다. 이렇게 할 때 본회퍼의 책은 나 자신과 우리의 현실, 한국 교회의 실제 모습을 보게 만들어 주고, 힘과 지혜를 얻게 하고, 성경을 다시 읽게 해주고, 그리하여 참된 그리스도인, 참된 공동체를 희망하게 해줄 것이라고 확신한다.

강영안 서강대학교 철학과 명예교수

서문

이 책에서 다루고자 하는 문제는 본질적으로 공동 연구를 통해서만 장려될 수 있을 것입니다. 왜냐하면, 이 문제는 사적인 영역에 속한 것이 아니라, 교회에 부과된 과제이기 때문입니다. 그리고 우연히 나온 개별적 해결책이 아니라, 교회가 공동으로 책임져야 할 일을 다루고 있기 때문이기도 합니다. 아직 새롭게 파악도 되지 않은 이러한 과제를 다루는 데 있어 망설이는 것은 이해가 되지만, 이제 이러한 태도를 바꾸어 교회가 기꺼이 협력하도록 해야 할 것입니다. 새로운 교회 공동체가 다양한 형태들로 나타나면서 책임적 위치에 있는 모든 사람의 주의 깊은 동역을 요청하고 있습니다. 이 책이 이러한 포괄적인 문제에 조금이나마 기여하고, 공동체에 대한 이해와 실현에 도움이 되기를 바랍니다.

1.

성도의
교제

“보라 형제가 연합하여 동거함이 어찌 그리 선하고 아름다운고.”

— 시편 133:1

지금부터 저는 말씀 아래 더불어 살아가는 성도의 삶에 대해서 성경이 우리에게 가르쳐 주는 몇 가지 훈계와 규칙을 살펴보고자 합니다. 그리스도인이 믿음의 형제자매들과 함께 살아가도록 허락된 것은 전혀 자명한 일이 아닙니다. 예수 그리스도는 원수들 한복판에서 사셨습니다. 그리고 마지막에는 제자들마저도 모두 예수님을 버리고 떠났습니다. 예수님은 십자가에서 행악자와 조롱하는 자들에게 둘러싸인 채 완전히 홀로 남겨졌습니다. 예수님은 하나님의 원수들에게 평화를 선사하기 위해 이 땅에 오셨습니다. 그러므로 그리스도인이라면 수도원적 은둔생활이 아니라, 원수들 속에서 살아가는 것이 마땅합니다. 그리스도인이 감당해야 할 일과 사명이 바로 그곳에 있는 까닭입니다. "당신의 원수들 한복판에 하나님의 통치가 임하도록 해야 한다. 그 일을 기꺼워하지 않는 자는 그리스도의 통치 아래 살려 하지 않고, 친구들 가운데서 장미와 백합이 만발한 곳에 앉아 악한 자들이 아닌 경건한 자들과 함께 살고 싶어 하는 것이다. 오, 하나님을 모독하고 그리스도를 배반하는 자들이여! 만약 그리스도께서 여러분들처럼 행동했다면, 누가 구원에 이를 수 있었겠는가?" 마르틴 루터

"내가 그들을 여러 백성들 가운데 흩으려니와 그들이 먼 곳에서 나를 기억하고." 슥 10:9 기독교란 하나님의 백성들이 그분의 뜻에 따라 뿔뿔이 흩어져서, 마치 씨앗처럼 "땅의 모든 나라 중에" 뿌려져 있는 것입니다. 신 28:25 이것은 그들에게 저주인 동시에 약속입니다. 하나님의 백성은 머나먼 나라에서 하나님을 믿지 않는 사람들 속에서 살아가야 하지만, 그것은 온 세상 가운데 하나님 나라의 씨앗으로 존재하는 길이기도 합니다.

"내가……그들을 모을 것은 내가 그들을 구속하였음이라.……그들이 먼 곳에서 나를 기억하고 그들이 살아서 그들의 자녀들과 함께 돌아올지라." 슥 10:8-9 그런데 언제 이 일이 이루어집니까? 이 일은 "흩어진 하나님의 자녀를 모아 하나가

되게 하기 위하여"요 11:52 죽으신 예수 그리스도 안에서 이루어졌습니다. 그리고 말세에 하나님의 천사들이 그분의 택하신 자들을 하늘 이 끝에서 저 끝까지 사방에서 모으게 되는 그날이 오면, 마지막으로 우리 눈으로 볼 수 있게 이루어질 것입니다.마 24:31 그때까지 하나님의 백성들은 뿔뿔이 흩어져 있을 것이며, 오직 예수 그리스도 안에서 하나로 연합하는 가운데, 먼 나라에서 믿지 않는 사람들 속에 뿌려진 채로 **그분을** 기억하는 삶을 통해 하나가 될 뿐입니다.

그러므로 그리스도의 죽으심과 최후 심판의 날 사이를 살아가는 그리스도인들이, 이미 이 세상에서 다른 그리스도인들과 가시적可視的인 성도의 교제를 누리며 살 수 있다는 것은 마지막에 일어날 일들에 대한 선취先取와도 같은 것입니다. 교회가 이 세상에서 하나님의 말씀과 성찬을 위해 함께 모일 수 있다는 것은 하나님의 은혜입니다. 모든 그리스도인이 이러한 은혜에 참여하지는 못합니다. 감옥에 갇혀 있는 자들이나 병든 자들, 외로이 흩어져 있는 자들, 이방 땅에서 복음을 전하는 자들은 홀로 있습니다. 그들이야말로 가시적인 성도의 교제가 은혜임을 알고 있는 자들입니다. 그러므로 그들은 시편 기자와 더불어 이렇게 기도합니다. "내가 전에 성일을 지키는 무리와 동행하여 기쁨과 감사의 소리를 내며 그들을 하나님의 집으로 인도하였더니."시 42:4 그러나 그들은 하나님의 뜻에 따라 흩어진 씨앗으로서 먼 나라에 홀로 머물며, 몸소 경험할 수 없는 것을 더욱 간절한 마음으로 믿음 안에서 취하게 됩니다. 그리하여 주님의 제자인 계시록을 쓴 요한은 밧모섬에 유배된 고독 속에서 "주의 날에 내가 성령에 감동되어"계 1:10 그분의 교회와 더불어 천상의 예배를 드리고 있는 것입니다. 그분은 주님의 교회인 일곱 촛대와 교회의 사자인 일곱 별을 보며, 그 한가운데 모든 것 위에 뛰어난 인자 예수 그리스도께서 부활하신 주님의 큰 영광으로 서 계신 것을 봅니다. 그리고 영광의 주님께서는 그를 위로하시며 말씀으로 힘을 북돋워 주십니다. 이것은 유배 중인 자가 주님의 부활의 날에 참여하는 아름다운 천상의 사귐입니다.

다른 그리스도인들과 몸과 몸을 부대끼며 함께하는 것은 신자들에게는 비할 수 없는 기쁨과 힘의 원천이 됩니다. 감옥에 갇힌 사도 바울은 죽음이 임박하여 "믿음 안에서 참 아들 된"딤전 1:2 디모데 보기를 간절히 원하였고, 감옥으로 자신을 찾아와 달라고 부탁하였습니다. 그는 디모데를 다시 보길 원했으며, 곁에 두고 싶었습니다. 지난번 작별하면서 디모데가 흘린 눈물을 사도 바울은 잊을 수 없었습니다.[딤후 1:4] 데살로니가에 있는 교회를 생각하면서도 사도 바울은 그들의 얼굴 보기를 "주야로 심히 간구"하였습니다.[살전 3:10] 노령의 사도 요한은 다음과 같은 사실을 알고 있었습니다. "내가 너희에게 쓸 것이 많으나 종이와 먹으로 쓰기를 원하지 아니하고 오히려 너희에게 가서 대면하여 말하려 하니 이는 우리 기쁨을 충만하게 하려 함이라."[요이 1:12] 다른 그리스도인들의 얼굴 보기를 원하는 것을 너무 육신적이라 생각하며 부끄러워할 필요는 없습니다. 인간은 육체로 창조되었고, 하나님의 아들은 우리를 위해 인간의 몸을 입고 이 땅에 오셨으며, 육체로 부활하셨습니다. 성도들은 성찬식에서 주 그리스도를 몸으로 받으며, 죽은 자의 부활을 통해 영과 육으로 된 하나님의 피조물이 완전한 성도의 교제에 이르게 될 것입니다. 그러므로 그리스도인은 형제들과 몸으로 부대끼며 함께할 수 있다는 사실에 대해, 창조주이시며 화해자요 구원자이신 하나님 아버지와 아들과 성령님께 찬양을 올려드리는 것이 마땅합니다. 감옥에 갇힌 자,

병든 자, 흩어져 있는 그리스도인은 가까이 있는 그리스도인 형제를 삼위일체 하나님께서 몸소 함께하시는 은혜의 표지로 인식하게 됩니다. 방문하는 사람이나 방문을 받는 사람은 고독한 중에 자신을 친히 찾아오신 그리스도를 발견하며, 마치 주님을 만나듯 경외심과 겸손, 기쁨으로 서로를 대하고 영접하게 됩니다. 그들은 서로 주 예수 그리스도의 축복을 주고받습니다. 형제와 단 한 번의 만남이 이토록 큰 축복을 가져온다면, 하나님의 뜻에 따라 다른 그리스도인들과 날마다 사귐을 누리며 사는 것이 허락된 자들에게는 도대체 얼마나 풍요로운 삶이 열려 있는 것일까요! 물론, 고독한 자에게는 이루 말로 표현할 수 없는 하나님의 은혜라 여겨지는 것이, 매일 누리며 살아가는 자에게는 하찮게 여겨져서 짓밟혀 버릴 수도 있습니다. 그리하여 그리스도인 형제와 나누는 성도의 교제가 하나님 나라로부터 온 은혜의 선물이라는 사실을 간과할 수 있습니다. 또한, 단지 짧은 시간일지라도 우리를 깊은 고독에서 벗어나게 해주는 그 은혜의 선물은 언제라도 우리 삶에서 다시 빼앗길 수 있다는 사실을 잊고 살아갈 수 있습니다. 그러므로 지금까지 다른 성도들과 함께하는 그리스도인의 삶을 사는 것이 허락된 사람은, 마음 깊은 곳에서부터 하나님의 은혜를 찬양하며 무릎을 꿇고 하나님께 감사해야 할 것입니다. 우리가 오늘도 그리스도인 형제들과 교제를 누리며 살 수 있다는 것, 그것이 은혜임을 인식해야 합니다.

하나님께서 가시적인 성도의 교제를 선사하시는 모습은 참으로 다양합니다. 흩어져 있는 그리스도인들은 그리스도인 형제가 잠시 방문하여 함께 드리는 기도와 형제의 축복으로 위로를 받으며, 심지어 그리스도인의 손으로 쓴 편지를 통해서도 힘을 얻습니다. 사도 바울이 편지에서 손수 썼던 문안 인사도 이러한 성도의 교제의 표지라고 할 수 있습니다. 다른 그리스도인들에게는 매 주일 드리는 예배를 통해 성도의 교제가 이루어지기도 합니다. 또 다른 그리스도인들은 가족이라는 공동체 속에서 그리스도인의 삶을 영위하기도 합니다. 젊은 신학생들은 안수받기 전에 일정 기간 형제들과 공동생활을 하는 선물을 받아 누리기도 합니다. 오늘날 진실한 그리스도인들 사이에는 일과 중 휴식 시간을 이용하여 다른 그리스도인들과 말씀 아래 모여서 함께 살아가려는 갈망이 싹트고 있습니다. 오늘날 그리스도인들은 공동생활을 다시 은혜로 이해하게 되었으며, 이것이 특별한 은혜요, 그리스도인의 삶에서 '장미와 백합'마르틴 루터임을 알게 되었습니다.

성도의 교제는 예수 그리스도를 통한, 예수 그리스도 안에 있는 교제입니다. 이러한 성도의 교제, 그 이상이나 그 이하의 것은 있을 수 없습니다. 짧은 시간 단 한 번의 만남에서부터 평생에 걸쳐 매일 이어온 사귐이라 해도 성도의 교제는 오직 이것뿐입니다. 우리는 오직 예수 그리스도를 통해서, 예수 그리스도 안에서만 서로에게 속하는 것입니다.

이것은 무엇을 의미합니까? **우선 그리스도인은 예수 그리스도로 인해 다른 그리스도인을 필요로 한다는 뜻입니다. 다음으로 그리스도인은 오직 예수 그리스도를 통해서만 다른 사람에게 다가갈 수 있다는 뜻입니다. 마지막으로 우리는 예수 그리스도 안에서 영원 전에 선택되었으며, 때가 되어 예수 그리스도 안에서 받아들여져 영원히 하나가 되었다는 뜻입니다.**

첫째, 그리스도인은 자신의 구원과 의를 자기 자신에게서 찾지 않고 오직 예수 그리스도에게서만 찾으려는 사람입니다. 그는 자신의 죄를 전혀 느끼지 못할 때도 하나님의 말씀이 그를 예수 그리스도 안에서 죄 있다고 선언하고 있음을 알고 있습니다. 또한, 자기 자신은 의를 전혀 느낄 수 없더라도 하나님의 말씀이 예수 그리스도 안에서 죄가 없으며 의롭다고 선언하고 있음도 알고 있습니다. 그리스도인은 더는 자기 자신을 근거로 살지 않으며, 자신을 정죄하거나 정당화하지 않고, 하나님의 심판과 하나님의 의를 기초로 사는 사람입니다. 그는 자신에게 주시는 하나님의 말씀에 근거하여 살며, 자신을 죄 있다고 하시든 의롭다고 하시든, 오직 하나님의 판단에 믿음으로 복종하여 살아갑니다. 그리스도인의 삶과 죽음은 자신이 결정할 문제가 아니며, 오직 외부에서 주어지는 하나님의 말씀 안에서, 자신에 대한 하나님의 말씀 안에서 발견되는 것입니다. 종교개혁자들은 우리의 의는 '낯선 의',fremde Gerechtigkeit 즉 우리 밖에서extra nos, 엑스트라 노스 주어지는 의라고 표현하였습니다. 이로써 그리스도인이란 자신에게 주시는 하나님의 말씀에 의지하여 사는 자들임을 천명하고 있는 것입니다. 그는 외부를 향해, 그에게 주어지는 말씀을 향해 서 있습니다. 그리스도인은 예수 그리스도 안에서 전적으로 하나님 말씀의 진리에 의해 살아갑니다. 어떤 사람이 그리스도인에게 "당신의 구원과 당신의 행복, 당신의 의가 어디에 있느냐?"라고 묻는다면, 그는 결코 자신을 가리킬 수 없으며, 그에게 구원과 행복, 의를 약속하시는 예수 그리스도 안에 있는 하나님의 말씀을 가리킬 것입니다. 그는 할 수만 있다면, 오직 이 말씀만을 바라볼 것입니다. 날마다 그는 의에 주리고 목마르므로, 끊임없이 구원의 말씀을 갈망할 것입니다. 그 구원의 말씀은 오직 외부에서만 올 수 있습니다. 자기 자신 안에서 그는 가련하며 죽은 자입니다. 도움은 외부에서 와야 하며, 우리에게 구원과 의, 순전함과 축복을 가져오는 예수 그리스도의 말씀 안에서 그 도움은 주어졌고, 또 날마다 새롭게 주어집니다. 그런데, 하나님께서는 이 말씀을 다른 사람의 입에 넣어 주셨고, 그런 식으로 하나님의 말씀이 사람들에게 전파되도록 하셨습니다. 만약 누군가 그 말씀에 사로잡히면, 그는 또 다른 사람에게 말씀을 전하여 주는 사람이 되는 것입니다. 하나님께서는 우리가 그분의 살아 있는 말씀을 형제의 증거와 사람의 입에서 찾고 발견하기를 원하셨습니다. 그러므로 그리스도인은 자신에게 하나님의 말씀을 말해 줄 다른 그리스도인을 필요로 하며, 그가 회의와 절망에 빠질 때마다 다른 그리스도인을 필요로 하게 됩니다. 왜냐하면, 진리를 기만하지 않고서야, 자신의 힘으로 자신을 돕는다는 것은 불가능하기 때문입니다. 그는 거룩한 구원의 말씀을 담아서 전해 줄 형제를 필요로 합니다. 그는 오직 예수 그리스도 때문에 형제를 필요로 합니다. 우리 자신의 마음속에 계시는 그리스도는 형제의 말씀 속에 계신 그리스도보다 약합니다. 우리 마음속에 계시는 그리스도는 불확실하지만, 형제의 말씀 속에 계시는 그리스도는 확실합니다. 이로써 모든 그리스도인이 사귐을 갖는 목적이 분명해졌습니다. 그들은 서로 구원의 메시지를 전하는 자로서 만나는 것입니다. 구원의 메시지를 전하는 자로서, 하나님께서는 그들로 모이게 하시고 성도의 교제를 나누게 하십니다. 그들의 교제는 오직 예수 그리스도와 '낯선 의'에 기초하고 있습니다. 성도의 교제는 오직 은혜로 말미암는 칭의에 대한 성경적이고 종교개혁적인 메시지에서 기원합니다. 그러므로 그리스도인들이 서로를 갈망하는 것은 오직 은혜로 말미암는 칭의에 근거를 두고 있다고 말할 수 있습니다.

둘째, 그리스도인은 오직 예수 그리스도를 통해서만 다른 사람에게 다가갈 수 있습니다. 사람들 사이에는 다툼이 있습니다. 사도 바울은 예수 그리스도를 "그는 우리의 화평이신

지라" 엡 2:14 고 말합니다. 분열되었던 옛 인류는 예수 그리스도 안에서 하나가 되었습니다. 예수님이 없다면, 하나님과 인간, 인간과 인간 사이에는 불화가 있을 뿐입니다. 그리스도께서는 중보자가 되어 하나님과 인간을 화평케 하셨으며, 인간들 사이에도 평화를 이루셨습니다. 그리스도가 아니었더라면 우리는 하나님을 알 수 없으며, 하나님을 부를 수도 없고, 하나님께 나아갈 수도 없을 것입니다. 그리스도가 없다면 우리는 형제도 알 수 없을 것이며, 형제들에게 다가갈 수도 없을 것입니다. 그 길이 '자신의 자아' das eigene Ich 로 인해 막혀 있기 때문입니다. 그러나 이제 그리스도께서 하나님과 형제에게로 가는 길을 활짝 열어 놓으셨습니다. 이제 그리스도인은 서로 평화를 누리며 살 수 있게 되었고, 서로 사랑하고 섬기며 하나가 될 수 있습니다. 그러나 그리스도인은 앞으로도 오직 예수 그리스도를 통해서만 그렇게 살 수 있습니다. 오직 예수 그리스도 안에서만 우리는 하나이며, 오직 예수 그리스도를 통해서만 우리는 서로 연합되어 있습니다. 오직 예수 그리스도만이 영원히 우리의 유일한 중보자가 되십니다.

셋째, 하나님의 아들이 육신의 몸을 입으심으로써, 그분은 순전히 은혜로 말미암아 우리의 본질과 본성, 실제 우리 자신의 모습과 똑같이, 육신의 모습 그대로를 취하셨습니다. 이것이 삼위일체 하나님의 영원하신 경륜입니다. 이제 우리는 하나님의 아들 안에 있습니다. 그분이 계신 곳이라면 어디에서나, 그분은 우리의 육체를 입고 우리를 짊어지고 계십니다. 그분이 계신 곳 즉 성육신과 십자가, 그분의 부활 속에 우리도 있습니다. 우리가 그분 안에 있으므로, 우리는 그분의 것입니다. 그래서 성경은 우리를 그리스도의 몸이라고 말하는 것입니다. 우리가 그 사실을 알고 원하기도 전에, 우리는 이미 예수 그리스도 안에서 온 교회와 더불어 선택되고 받아들여져서, 서로 함께 영원히 그분의 것이 되었습니다. 이 땅에서 그분 안에서 교제하며 살아가는 우리는, 언젠가 그분 곁에서 영원한 교제를 누리며 살게 될 것입니다. 형제를 바라보는 자가 반드시 알아야 하는 것은, 그가 형제와 함께 예수 그리스도 안에서 영원히 하나가 되어 있으리라는 사실입니다. 그리스도인의 교제는 예수 그리스도를 통한 예수 그리스도 안에서의 교제입니다. 성경에서 그리스도인의 공동생활을 위한 안내와 규칙은 모두 이러한 전제 조건을 기초로 하고 있습니다.

"형제 사랑에 관하여는 너희에게 쓸 것이 없음은 너희들 자신이 하나님의 가르치심을 받아 서로 사랑함이라…… 형제들아, 권하노니 더욱 그렇게 행하고."살전 4:9-10 형제 사랑에 대해서는 하나님께서 친히 가르치셨습니다. 그러므로 우리에게 할 일이 남아 있다면, 저 거룩한 가르침과 권면을 기억하고 형제 사랑을 더욱 풍성히 행하는 것뿐입니다. 하나님께서 우리를 긍휼히 여기셨을 때, 우리에게 예수 그리스도를 형제로 계시하셨을 때, 그분이 우리 마음을 사랑으로 사로잡으셨을 때, 바로 그때 형제 사랑에 대한 가르침이 시작되었습니다. 하나님께서 우리를 긍휼히 여기셨을 때, 그와 동시에 우리도 형제에 대한 긍휼을 배웠습니다. 우리가 심판 대신 용서를 받았을 때, 우리는 이미 형제를 용서할 수 있는 준비가 된 것입니다. 하나님께서 우리에게 행하신 일을, 이제 우리는 형제들에게 행해야 합니다. 더 많이 받을수록, 우리는 더 많이 줄 수 있습니다. 우리의 형제 사랑이 가련하고 인색하다면, 우리가 하나님의 긍휼과 사랑에 기초해서 살고 있지 않다는 반증이 될 것입니다. 하나님께서 그리스도 안에서 우리를 대하신 것처럼, 우리도 서로 그렇게 대해야 함을 하나님께서는 친히 가르쳐 주셨습니다. "그러므로 그리스도께서 우리를 받아 하나님께 영광을 돌리심과 같이 너희도 서로 받으라." 롬 15:7

다른 그리스도인들과 함께 더불어 살아가도록 인도함을 받은 사람은 바로 여기에서 형제의 존재가 무엇을 의미하는지 배우게 됩니다. 사도 바울은 그분의 교회를 "주 안에서...... 형제" 빌 1:14 라고 부릅니다. 예수 그리스도를 통해서만 한 사람은 다른 사람에게 형제가 됩니다. 나는 예수 그리스도께서 나를 위해 내게 행하신 일을 통해서 다른 사람에게 형제가 됩니다. 예수 그리스도께서 그를 위해 그에게 행하신 일을 통해서 다른 사람은 내게 형제가 되는 것입니다. 우리가 오직 예수 그리스도를 통해서만 형제가 된다는 사실은 매우 중요한 의미가 있습니다. 왜냐하면, 진지하게 형제애를 갈망하며 나와 마주 서 있는 경건한 사람이라 해도, 성도의 교제를 나누도록 인도된 형제가 아닐 수 있기 때문입니다. 형제는 그리스도에 의해 속량되어 죄 사함을 받고, 믿음과 영원한 삶으로 부르심을 받은 사람입니다. 그리스도인으로서 그가 가진 내면성과 경건한 성품이 성도의 교제를 이루게 하는 근거가 되는 것이 아니라, 그리스도께서 그에게 행하신 일이 우리의 형제 관계를 규정합니다. 우리가 나누는 성도의 교제는 오직 그리스도께서 우리 두 사람에게 행하신 일에 기초를 두고 있습니다. 그것은 처음에만 그런 것이 아닙니다. 그리하여 시간이 지나면 다른 무엇이 우리의 사귐에 첨가되는 것이 아니라, 미래에도 언제까지나 그렇게 머물러 있습니다. 나는 오직 예수 그리스도를 통해서만 다른 사람과 성도의 교제를 나누며, 그 사귐을 지속하게 됩니다. 우리의 사귐이 참되고 깊어질수록, 우리 사이에 존재하던 다른 모든 것들은 사라지고 맙니다. 우리의 사귐이 더 분명하고 순수해질수록, 우리 사이에는 예수 그리스도와 그분의 역사하심만이 유일하게 살아 있게 됩니다. 우리는 그리스도를 통해서만 서로에게 속하는 것입니다. 우리는 오직 그리스도를 통해서 서로를 소유하며, 진실로 서로를 **소유하며**, 서로를 완전하게 영원히 소유하게 됩니다.

이러한 사실은 더 이상의 무언가를 바라는 불순한 갈망에 처음부터 작별을 고하게 합니다. 그리스도께서 우리 사이에 이루어 놓으신 것 이상의 것을 원하는 사람은, 다른 곳에서 이루지 못한 특별한 사귐을 경험하고 싶어 하는 사람일 뿐, 그리스도인의 형제 공동체를 추구하는 사람이 아닙니다. 그러한 사람은 그리스도인의 형제 공동체에 불분명하고 불순한 소원들을 가지고 들어오게 됩니다. 바로 여기서 그리스도인의 형제 공동체는 대개 초창기부터 최대의 위기를 맞으며, 내부 깊숙이 독성이 퍼져 나가는 위험에 처합니다. 말하자면, 경건한 공동체에 대한 이상과 그리스도인의 형제 공동체를 혼동하는 것은 그리스도인 형제 공동체의 영적 현실과 공동체를 향한 경건한 마음의 자연스러운 갈망이 혼합됨으로써 생겨납니다. 그러므로 그리스도인 형제 공동체가 처음부터 다음 사실을 분명하게 하는 것은 사활이 걸린 중요한 문제입니다.

첫째, 그리스도인의 형제 공동체는 이상이 아니라, 거룩한 현실이라는 사실입니다. 둘째, 그리스도인의 형제 공동체는 인간적인 현실이 아닌, 영적 현실이라는 사실입니다.

수없이 많은 경우에 기독교 공동체는 이상에 기초해서 산 결과 무너지고 말았습니다. 그리스도인 삶의 공동체에 첫발을 들여놓은 진지한 그리스도인은 흔히 그리스도인의 공동생활에 관한 특정한 이상을 함께 가지고 들어와서 그것을 실현하려고 노력할 것입니다. 그러나 하나님의 은혜는 이러한 종류의 모든 꿈이 신속히 깨어지도록 합니다. 다른 사람들에 대한 커다란 실망, 무엇보다도 그리스도인 전반에 대한 실망과 더 나아가 자기 자신에 대한 실망이 우리를 짓누를 것입니다. 그러나 이를 통해 하나님은 우리를 참된 그리스도인의 공동체에 대한 인식으로 인도하길 원하십니다. 하나님께서는 순전한 은혜로써 우리가 단 몇 주간이라도 자신의 환상 속에 살도록 내버려두지 않으시며, 우리를 무아지경에 빠지게 하는 즐거운 체험들과 행복한 도취 속에 내어 주지 않으십니다. 왜냐하면, 하나님은 정서를 자극하는 하나님이 아니라, 진리의 하나님이시기 때문입니다. 자신의 모든 불쾌하고 악한 모습에 환멸을 느낀 공동체야말로 비로소 하나님 앞에서 본연의 모습을 발견하게 되며, 자신에게 주어진 약속을 믿음으로 붙들기 시작합니다. 그러므로 이러한 실망이 개인에게나 공동체에 빨리 찾아올수록, 양자에게 훨씬 유익합니다. 그러나 이러한 실망을 감당하지 못하거나 극복하지 못하고 자신의 이상에 집착하는 공동체는, 그 이상이 깨어지는 순간 기독교 공동체에 주어진 약속마저도 상실해 버리고 맙니다. 그래서 이러한 공동체는 언제든지 무너지게 되어 있습니다. 기독교 공동체 속으로 함께 가지고 들어온 인간적인 이상은 참된 공동체를 방해

하므로 반드시 깨어져야 하며, 그럴 때 비로소 참된 공동체가 살아날 수 있습니다. 기독교 공동체의 꿈을 기독교 공동체 자체보다 더 사랑하는 사람은, 그 자신이 아무리 정직하고 진실하며 헌신적인 사람이라 해도, 결국 모든 기독교 공동체의 파괴자가 되고 맙니다.

하나님은 몽상夢想을 미워하십니다. 왜냐하면, 몽상은 사람을 교만하고 거만하게 만들기 때문입니다. 어떤 공동체상을 꿈꾸고 있는 사람은 하나님과 다른 사람들, 그리고 자기 자신에게 그 꿈을 이루어 달라고 요구합니다. 그는 요구하는 자로서 그리스도인의 공동체 속으로 들어가서, 자기 자신의 법을 만들어서는 그 법에 따라 형제들과 하나님을 심판합니다. 그리하여 그는 형제들 사이에서 다른 모든 이들을 향하여 마치 살아 있는 비난처럼 완고하게 서 있게 됩니다. 그는 마치 자신이 기독교 공동체를 만들어 내기라도 한 것처럼, 자신이 꿈꾼 대로 사람들을 서로 연결하려고 행동합니다. 그는 자기 뜻대로 되지 않는 것을 실패라고 말합니다. 그 결과 그는 처음에는 형제들을 정죄하고, 그 후에는 하나님을 정죄하며, 마지막에는 절망에 빠져 자기 자신을 정죄합니다. 하나님께서는 우리 공동체의 유일한 기초를 이미 놓아 주셨으며, 우리가 다른 사람들과의 공동생활을 영위하기 훨씬 전에 예수 그리스도 안에서 그들과 한몸이 되게 하셨습니다. 그러므로 우리는 요구하는 자가 아니라, '감사하는 자요, 선물을 받은 자로서' 다른 그리스도인들과 공동생활을 누리는 것입니다. 우리는 하나님께서 우리에게 행하신 일에 대해 감사합니다. 우리는 하나님의 부르심 아래, 하나님의 용서와 약속 아래 살아가는 형제를 주신 것에 대해 감사합니다. 우리는 하나님께서 주지 않은 것에 대해 불평하는 것이 아니라, 날마다 우리에게 주시는 것으로 인해 감사합니다. 죄와 곤궁 속에서도 하나님께서 주시는 은혜의 축복 아래로 함께 나아가며 함께 살아갈 수 있는 형제들을 주신 것만으로 충분하지 않습니까? 그 어떤 날에도, 심지어 곤경에 처한 힘든 날에도 그리스도인의 형제 공동체에 주신 하나님의 선물은 측량할 수 없이 크지 않습니까? 죄와 오해가 공동생활을 침해하는 곳에서도, 죄를 지은 형제 역시 그리스도의 말씀 아래 함께 서 있는 형제가 아닙니까? 그리고 그의 죄는 나에게 우리 모두가 예수 그리스도 안에서 하나님의 용서하시는 사랑 아래서만 살 수 있다는 사실을 항상 새롭게 감사하게 하는 기회가 되지 않습니까? 그러므로 형제에게 크게 실망하는 시간이 나에게는 비할 수 없이 유익한 구원을 가져오는 시간이지 않습니까? 왜냐하면, 그 시간은 나로 하여금 우리 모두가 결코 자신의 말과 행위를 근거로 살 수 없으며, 오직 우리를 진리 안에서 이어 주는 유일한 말씀, 유일한 행위에 의해서만 살 수 있다는 사실을 배우게 되는 시간이기 때문입니다. 즉 우리가 예수 그리스도 안에 있는 죄의 용서에 의해서만 살 수 있음을 철저하게 가르쳐 주는 시간이기 때문입니다. 여러 환영의 아침 안개가 걷히는 곳에 기독교 공동체의 밝은 하루가 시작됩니다.

그리스도인의 삶에서와 마찬가지로, 그리스도인의 공동체에서도 감사하는 일이 중요합니다. 작은 것에 감사하는 사람만이 큰 것도 받습니다. 우리가 일상의 선물에 감사하지 않기 때문에, 하나님께서 우리를 위해 이미 준비해 놓으신 더 큰 영적인 선물을 받지 못합니다. 우리는 이미 주어진 작은 영적인 인식과 체험, 사랑 따위에 감사해서는 안 되며, 항상 더 큰 은사만을 열렬히 사모해야 한다고 생각하는 경향이 있습니다. 그러면서 다른 그리스도인에게는 허락된 커다란 확신과 강한 믿음, 풍성한 체험이 자신에게 없다는 사실 앞에 한탄하며, 이러한 불평을 경건한 것으로 간주합니다. 우리는 위대한 것을 구하면서 매일의 작은(그러나 사실은 작은 것이 아닙니다!) 선물에 대해 감사하는 것을 잊어버립니다. 그러나 하나님께서 어떻게 작은 것을 감사함으로 받으려 하지 않는 자에게 더 큰 것을 맡기실 수 있겠습니까? 우리가 소속된 그리스도인의 공동체에 대해 날마다 감사하지 않고, 도리어 모든 것이 우리 기대와는 달리 너무 초라하고 보잘것없다며 불평만 한다면, 우리는 예수 그리스도 안에서 우리 모두를 위해 이미 준비해 놓으신 경륜과 부유함을 따라 우리 공동체를 성장시키시려는 하나님을 방해하게 됩니다. 혹여 우리 공동체가 위대한 체험이나 풍성함이라고는 찾아볼 수 없을 뿐만 아니라, 너무도 연약하고 믿음이 없으며 어려움만 가득하다고 할지라도 마찬가지입니다. 이런 일은 무엇보다도 목회자나 열심 있는 성도들이 자신의 교회에 대해 종종 불평을 늘어놓곤 하는 일들에서 나타납니다. 목회자는 자기 교회에 대해 불평해서는 안 되며, 무엇보다도 사람 앞에서나 하나님 앞에서 불평을 늘어놓아서는 더더욱 안 됩니다. 그에게 하나님의 교회를 맡기신 것은 하나님과 사람 앞에서 교회를 고발하기 위해서가 아닙니다. 자신이 부름받아 소속된 기독교 공동체와 어긋나서 고발하는 자가 되었다면, 그는 하나님에 의해 깨어져야만 할 자신의 이상理想은 없는지 우선 자기 자신부터 점검해 보아야 합니다. 그리고 그러한 인간적 이상이 발견된다면, 이러한 궁지로 인도하신 하나님께 감사해야 합니다. 만약 그렇지 않은 경우라면, 하나님의 교회를 고발하는 자가 되지 않도록 스스로 주의해야 합니다. 그리고 자기 자신의 불신을 한탄하며, 자신의 실패와 특별한 죄를 깨닫게 해달라고 하나님께 기도해야 합니다. 그는 형제들에게 죄를 짓지 않게 해달라고 기도해야 합니다. 그리고 자기 자신의 죄를 인식하는 가운데, 다른 형제들을 위해 중보기도 해야 합니다. 또한, 자신에게 맡겨진 일을 묵묵히 감당하면서 하나님께 감사드려야 합니다.

그리스도인의 공동체는 마치 성도의 성화聖化와도 같습니다. 그것은 우리가 요구할 수 없는 하나님의 선물입니다. 우리의 공동체가 어떠해야 하는지는 우리의 성화가 그러하듯이 하나님만이 아십니다. 우리에게는 약하고 미천하게 보이는 것이 하나님께는 위대하고 영광스러울 수 있습니다. 그리스도인이 자신의 영적 생명의 맥박을 지속적으로 감지해야 하는 것이 아닌 것처럼, 하나님께서 우리에게 기독교 공동체를 허락하신 것은 끊임없이 체온이나 재어 보라는 뜻이 아닙니다. 우리가 날마다 더욱 감사함으로 우리에게 이미 주신 것을 받는다면, 공동체는 날마다 더욱더 견고하게 한결같이 성장해 나갈 것이며, 하나님이 기뻐하시는 뜻대로 자라갈 것입니다.

그리스도인의 형제애는 우리가 실현해야 할 이상이 아니라, 하나님께서 그리스도 안에서 이루어 놓으신 영적 현실에 참여하는 것입니다. 그러므로 모든 공동체의 근거와 힘과 약속이 오직 예수 그리스도에게 있음을 더 분명하게 인식하며 배우게 될수록, 우리는 공동체에 대해 더욱 고요한 마음으로 공동체를 위해 기도하며 소망하는 법을 배울 수 있을 것입니다.

그리스도인의 공동체가 오직 예수 그리스도에게 근거하고 있으므로, 그리스도인의 공동체는 정신적psychisch 실재가 아닌 영적인pneumatisch 실재입니다. 바로 이 점에서 그리스도인의 공동체는 다른 모든 공동체와 구별됩니다. 예수 그리스도를 구원자로 그리고 주로 우리 마음에 선사해 주시는 오직 성령만이 하실 수 있는 일을, 성경은 영적pneumatisch, geistlich이라고 일컫습니다. 그리고 인간의 영혼을 토대로 한 자연적인 충동과 힘을 정신적psychisch, seelisch이라고 말합니다.

모든 영적 현실의 기초는 예수 그리스도 안에서 분명히 계시된 하나님의 말씀입니다. 모든 정신적 현실의 기초는 어둡고 투명하지 않은 인간 영혼의 갈망과 충동입니다. 영적인 사귐의 기초는 진리이며, 정신적 사귐의 기초는 욕망입니다. 영적인 사귐의 본질은 빛입니다. "하나님은 빛이시라. 그에게는 어둠이 조금도 없으시다."요일 1:5 "그가 빛 가운데 계신 것 같이 우리도 빛 가운데 행하면 우리가 서로 사귐이 있고." 요일 1:7 반면, 정신적 사귐의 본질은 어둠입니다. "속에서 곧 사람의 마음에서 나오는 것은 악한 생각"막 7:21입니다. 모든 인간 활동의 근원은 깊은 밤이며, 더 나아가 모든 고상하고 경건한 충동을 뒤덮고 있는 것도 깊은 밤입니다. 영적인 사귐은 그리스도에 의해 부르심 받은 자들의 교제이며, 정신적 사귐은 경건한 영혼들의 교제입니다. 영적인 공동체에서는 형제끼리 서로 섬기는 밝은 사랑, 즉 아가페가 살아 숨 쉬지만, 정신적 공동체에서는 경건한 듯하면서 불경건한 충동의 사랑, 즉 에로

스가 작열하고 있습니다. 전자에는 질서 있는 형제의 섬김이 있으나, 후자에는 즐거움을 추구하는 무질서한 욕망이 있습니다. 전자에는 형제에 대한 겸손한 복종이 있지만, 후자에는 자기 자신의 욕망을 채우고자 하는 겸손한 듯하나 교만한 굴복이 있습니다. 영적 공동체에서는 오직 하나님의 말씀만이 다스리지만, 정신적 공동체에서는 말씀 외에도 특별한 능력이나 체험, 암시적이며 마술적인 기질을 가진 인간도 함께 지배하고 있습니다. 전자는 오직 하나님의 말씀만이 구속력을 갖지만, 후자는 하나님의 말씀 외에도 인간들이 서로를 결속시킵니다. 전자에서는 모든 권세와 영광과 주권이 성령께 양도되지만, 후자에서는 개인적인 권세와 영향력이 추구되고 장려됩니다. 무엇보다도 그가 경건한 사람이라면 분명히 최상의 것, 최고의 것을 섬기려는 의도를 가지고 있겠지만, 실상은 성령을 보좌에서 끌어내리고 그분이 역사하실 수 없는 먼 곳으로 추방해 버리고 맙니다. 이제 이곳에는 정신적인 것만 남아 있을 뿐입니다. 이처럼 전자에서는 영이 통치하지만, 후자에서는 심리적인 기술과 방법이 지배합니다. 전자에는 심리학이나 방법론 이전의 소박하면서도 도움을 주는 형제 사랑이 있고,

후자에는 심리학적으로 분석하고 구성하는 일만이 존재합니다. 전자에는 형제에 대한 겸손하고 순전한 섬김이 있으나, 후자에는 낯선 사람을 탐색하고 계산하는 태도만이 존재합니다.

어쩌면 영적 현실과 정신적 현실의 차이는 다음 사실에서 가장 분명하게 드러날지도 모르겠습니다. 영적인 공동체 안에서는 결코 어떠한 방식으로든 한 사람이 다른 사람과 '직접적'인 관계를 맺지 않지만, 정신적 공동체에서는 다른 사람의 영혼과 직접 접촉하며 사귐을 가지려는 깊고도 근원적인 영혼의 욕망이 자리 잡고 있습니다. 그것은 마치 인간의 육체 속에 다른 사람의 육체와 직접적인 결합을 갈망하는 마음이 생생하게 살아 있는 것과도 같습니다. 이러한 인간 영혼의 욕망은 '나'와 '너'의 완전한 융합을 추구합니다. 이것은 사랑의 결합이라는 방식으로 나타나기도 하고, 결국 똑같은 것이긴 하지만, 다른 사람을 자신의 힘과 영향력 아래 굴복시키는 방법으로 나타나기도 합니다. 여기서는 강한 정신의 소유자들이 종횡무진 활동하면서 약자들의 감탄과 사랑, 또는 두려움을 끌어냅니다. 여기서는 인간적인 속박과 암시, 예속이 전부입니다. 영혼의 직접적인 교제에서는 본래 그리스도를 통해 이루어지는 교제에만 해당하는 것이 왜곡된 모습으로 나타나는 것입니다.

그 결과 '심리적 회심'이 생겨납니다. 이러한 회심은 한 사람의 우세한 힘이 의식적이든 무의식적이든 오용됨으로써, 한 개인이나 전체 공동체가 철저하게 동요하며 그의 궤도 안으로 휩쓸려 들어가는 곳에서 온갖 진정한 회심의 모습을 갖추고 나타납니다. 여기서는 영혼이 영혼에 직접적인 영향을 미칩니다. 약자는 강자에게 굴복하고, 약자의 저항은 다른 사람의 인격에 대한 감명 속에 무너지고 맙니다. 그는 압도당하지만, 문제가 극복된 것은 아닙니다. 그 문제는 내가 매여 있는 사람과는 무관하게, 또 어떤 경우에는 그 사람을 거슬러서 일을 처리하도록 요구되는 순간에 여실히 드러납니다. 여기에서 심리적인 회심은 실패하며, 이로써 그의 회심이 성령에 의한 것이 아니라, 한 인간에 의해 이루어진 것이므로 영속될 수 없음이 드러납니다.

이와 마찬가지로 '영혼의 이웃 사랑'도 있습니다. 이 사랑은 엄청난 희생의 능력으로, 불타는 헌신과 가시적인 성공에 있어 참된 그리스도의 사랑을 훨씬 능가하기도 합니다. 이 사랑은 압도적이며 감동적인 언변으로 그리스도의 언어를 말합니다.

그러나 이 사랑은 사도 바울이 "내가 내게 있는 모든 것으로 구제하고 또 내 몸을 불사르게 내줄지라도 사랑이 없으면 내게 아무 유익이 없느니라"고전 13:3 하신 말씀과 같습니다. 이것은 내가 최고의 사랑의 행위로 최고의 희생을 감당할지라도, "사랑(곧 그리스도의 사랑)이 없으면 내가 아무 것도 아니요"고전 13:2하신 말씀과 같습니다.• 인간적인 사랑seelische Liebe은 자기 자신을 위해서 타인을 사랑하지만, 영적인 사랑geistliche Liebe은 그리스도를 위해서 타인을 사랑합니다. 인간적인 사랑은 타인과의 직접적인 접촉을 추구하며, 그를 자유인으로서가 아니라 자기 자신에게 매인 자로서 사랑합니다. 이러한 사랑은 모든 수단과 방법을 총동원하여 타인을 소유하고 정복하고자 합니다. 이러한 사랑은 타인을 압도하여 저항할 수 없게 만들며 지배하고자 합니다. 인간적인 사랑은 진리에 별 관

• 본회퍼는 1934년 10월 14일부터 11월 4일 종교개혁주일까지 4주에 걸쳐 고린도전서 13장을 설교했다(DBW 13:378-404). 본회퍼, 『타인을 위한 그리스도인으로 살 수 있을까?』(좋은 씨앗) 참조.—옮긴이

심이 없으며, 진리를 상대화시켜 버립니다. 왜냐하면, 그 무엇도, 심지어 진리마저도 자신과 사랑하는 사람 사이에 성가시게 끼어들어서는 안 된다고 생각하기 때문입니다. 인간적인 사랑은 타인을 갈망하며, 타인과의 교제와 그의 사랑을 구하지만, 타인을 섬기지는 않습니다. 마치 섬기는 듯이 보이는 곳에서조차, 그는 자기 욕망을 채우려 할 뿐입니다. 영적인 사랑과 인간적인 사랑의 차이는 다음 두 가지 면에서 분명하게 드러나는데, 사실 그 두 가지는 동일한 것입니다. 인간적인 사랑은 참된 사귐을 위해 참되지 못한 사귐을 중단하는 일을 견딜 수 없어 합니다. 그리고 집요하게 자신을 반대하는 원수를 사랑할 수 없습니다. 이 둘은 사실 같은 원천에서 나오는 것입니다. 인간적인 사랑은 본질상 욕망이며, 따라서 인간적인 공동체를 열망합니다. 그리고 공동체가 이러한 열망을 충족시켜 주는 한 이 열망도 공동체를 포기하지 않는데, 그것은 진리를 위한 것도 타인에 대한 참 사랑 때문도 아닙니다. 그러나 공동체가 이 열망을 충족시켜 주리라고 기대할 수 없게 된다면, 그 순간 공동체는 벼랑 끝으로 내몰리며 결국 원수들 곁에 서게 됩니다. 이곳에서 인간적인 사랑은 미움과 멸시, 비방으로 변하고 마는 것입니다.

한편으로는 이곳이 바로 영적인 사랑이 시작되는 곳이기도 합니다. 인간적인 사랑은 사심 없이 섬기는 진실한 영적인 사랑을 만나면 개인적인 미움으로 변해 버립니다. 인간적인 사랑은 자기 자신을 '목적'인 동시에 '업적'이자 '우상'으로 만들어 숭배하며, 모든 것을 그 아래 굴복시키려 합니다. 인간적인 사랑이 돌보며 양육하고 사랑하는 것은 자기 자신뿐이며, 그 외에 그의 사랑의 대상이 되는 것은 이 세상에 아무것도 없습니다. 그러나 영적인 사랑은 예수 그리스도에게서 오는 것이며, 오직 예수 그리스도 한분만을 섬깁니다. 영적인 사랑은 타인에게 직접 다가갈 수 없음을 압니다. 그리스도께서 나와 타인 사이에 계십니다. 무엇이 타인에 대한 사랑인지는 인간적인 사랑에서 성장한 사랑의 보편적 개념에 기초한 선지식으로는 알 수 없습니다. 그 모든 것이 그리스도 앞에서 도리어 미움이며, 가장 사악한 이기심에 불과할 수도 있기 때문입니다. 무엇이 사랑인지는 오직 그리스도께서 그분의 말씀 안에서 내게 가르쳐 주실 수 있습니다. 우리 자신의 모든 생각과 확신에 반하여, 예수 그리스도께서는 진정한 형제 사랑이 진실로 어떤 모습인지 말씀해 주실 것입니다. 따라서 영적인 사랑은 오직 예수 그리스도의 말씀에만 매여 있는 사랑입니다. 그리스도께서 사랑으로 인하여 사귐을 지속하라고 말씀하실 때만, 나는 사귐을 지속하게 됩니다. 그러나 그분의 진리가 사랑으로 인하여 사귐을 중지하도록 명하시면, 나는 영혼에 속한 사랑의 모든 항의에도 불구하고 그 사귐을 중지하게 됩니다. 영적인 사랑은 사사로운 욕심 없이 섬기기 때문에, 형제와 똑같이 원수도 사랑합니다. 영적인 사랑은 형제나 원수에게 근거하고 있는 사랑이 아니라, 그리스도와 그분의 말씀에서 샘솟는 사랑이기 때문입니다. 인간적인 사랑은 영적인 사랑을 결코 이해할 수 없습니다. 왜냐하면, 영적인 사랑은 위로부터 오는 것이며, 그 사랑은 지상에 있는 모든 종류의 사랑이 도무지 이해할 수 없는 완전히 낯설고 새로운 사랑이기 때문입니다.

그리스도께서 나와 타인 사이에 계시므로, 나는 타인과의 직접적인 교제를 갈망해서는 안 됩니다. 오직 그리스도께서 나의 구원이 된 그 말씀을 나에게 말씀하실 수 있었던 것처럼, 타인도 그리스도를 통해서만 도움을 받을 수 있습니다. 이것은 나의 사랑으로 타인에게 요구하고 강요하며 지배하려는 모든 시도를 깨끗이 포기해야 한다는 것을 의미합니다. 타인은 내게서 완전히 자유로울 때야 비로소 자신의 모습 그대로 그리스도의 사랑을 받게 됩니다. 즉 그리스도께서 그를 위해 인간이 되시고, 죽으시고 부활하셨으며, 그를 위해 죄 사함을 이루셨고, 영생을 준비해 두신 바로 그 사람으로서 사랑을 받게 됩니다. 내가 형제에게 무언가를 할 수 있기 훨씬 이전에, 그리스도께서는 내 형제에게 이미 결정적인 일을 행하셨습니다. 그러므로 나는 그리스도를 위해 형제를 자유롭게 해야 하며, 그는 오직 그리스도를 위해 존재하는 사람으로서 나를 만나야 합니다. 이것이 바로 우리가 타인을 오직 그리스도의 중재를 통해서만 만날 수 있다는 명제의 뜻입니다. 인간적인 사랑은 타인에 대한 자기 나름대로의 상을 만들고는, 그 사람이 이런 사람이라느니, 이런 사람이 되어야 한다고 말합니다. 그러한 사랑은 타인의 인생을 자기 손아귀에 붙들어 놓습니다. 그러나 영적인 사랑은 타인의 모습을 예수 그리스도로부터 인식합니다. 그 모습은 예수 그리스도께서 이미 각인해 놓으셨고, 또 각인하길 원하시는 모습입니다.

그러므로 영적인 사랑이란, 말하고 행하는 모든 것에서 타인을 그리스도께 맡기느냐의 여부에 따라 진위가 드러납니다. 영적인 사랑은 타인에게 지나치게 개인적이고 직접적인 영향력을 행사하려 하거나, 타인의 삶에 불순하게 개입하여 영혼을 뒤흔들어 놓지 않습니다. 영적인 사랑은 경건한 심리적 과열이나 자극을 기뻐하지 않으며, 하나님의 분명한 말씀으로 타인을 만납니다. 그리고 그 후에는 타인이 오랜 시간 하나님의 말씀과만 홀로 있게 하며, 그리스도께서 친히 일하시도록 그를 다시 자유롭게 해줍니다. 영적인 사랑은 그리스도를 통해 우리 사이에 놓여 있는 타인과의 경계를 존중하며, 타인과의 온전한 교제를 우리를 연결하고 하나 되게 하시는 오직 한분 그리스도 안에서 발견하려 합니다. 그리하여 영적인 사랑은 형제와 함께 그리스도에 대해 말하기보다는 그리스도와 함께 형제에 대해 말하게 됩니다. 영적인 사랑은 타인에게로 가는 가장 가까운 길이 언제나 그리스도께 나아가 기도하는 길이라는 사실을 알고 있습니다. 또한, 타인에 대한 사랑은 그리스도 안에 있는 진리에 온전히 매여 있음을 알고 있습니다. 사도 요한은 이러한 사랑에 근거해서 다음과 같이 말합니

다. "내가 내 자녀들이 진리 안에서 행한다 함을 듣는 것보다 더 기쁜 일이 없도다."요삼 1:4

인간적인 사랑은 제어되지 않으며, 제어될 수도 없는 어두운 욕망에 의해 움직이지만, 영적인 사랑은 **진리**를 통한 질서 있는 섬김의 선명한 빛 안에서 움직입니다. 인간의 영혼에 기초한 사랑은 인간적인 예속과 속박을 초래하고 부자연스럽게 만들지만, 영적인 사랑은 형제로 하여금 말씀 아래서 **자유**를 누리게 합니다. 인간적인 사랑이 온실에서 인위적으로 꽃을 피우는 것이라면, 영적인 사랑은 하나님의 자유로운 하늘 아래서 비바람을 맞고 햇빛을 받아 견실하고 건강하게 자라서 하나님께 기쁨이 되는 **열매들**을 맺게 하는 것입니다.

인간적인 이상과 하나님의 현실, 영적인 사귐과 정신적인 사귐의 차이를 구별할 수 있는 능력을 갖도록 해야 합니다. 이 일을 제때에 성공하느냐 그렇지 못하느냐에 모든 기독교 공동생활의 존폐가 달려 있습니다. 이 문제를 가능한 한 빨리 냉정하게 분별할 수 있느냐에 기독교 공동체의 사활이 걸려 있습니다. 달리 말하면, 말씀 아래 더불어 사는 공동체는 자기 자신을 어떤 운동이나 교단, 단체나 경건 집단으로 이해하지 않고, 전체 교회의 곤궁과 투쟁, 약속에 실제 행동으로 동참하며 고난을 함께 겪는 가운데 자신을 오직 하나의 거룩하고 보편적인 그리스도 교회의 한 부분으로 이해할 때에만 건강하게 존재할 수 있습니다. 모든 선택의 원리, 이 원리와 함께 결부된 모든 차별의 논리, 즉 공동의 일이나 지역적인 연관성, 친밀한 관계성에 따른 전혀 공평하지 않은 차별의 논리는 그리스도인 공동체에 가장 큰 위험입니다. 정신 수준이나 영적 상태에 따라 구성원을 선택하게 되면, 인간의 정신적인 요소가 다시 숨어 들어와 공동체의 영적인 힘과 영향력을 빼앗아 갈 뿐 아니라, 종국에는 공동체를 분파주의에 빠뜨리고 맙니다. 약하고 보잘것없는 사람들, 겉보기에 전혀 쓸모없어 보이는 사람들을 그리스도인의 생활 공동체에서 축출하는 것은, 정말이지 가난한 형제 안에서 문을 두드리고 계시는 그리스도를 내쫓아 버리는 것을 의미합니다. 그러므로 우리는 이러한 것들에 대해 매우 조심하고 경계해야 할 필요가 있습니다.

만약 우리가 예리하게 관찰하지 않는다면, 이상과 현실, 인간적인 것과 영적인 것의 혼합은 공동체의 구조가 여러 층으로 이루어져 있는 곳에서 가장 쉽게 나타나리라고 생각할 수 있습니다. 다시 말해 결혼이나 가정, 우정과 같이 인간적인 것이 이미 공동체 형성에 중요한 의미가 있는 곳, 영적인 것은 육체적이고 정신적인 것에 단지 덧붙여지는 정도로 나타나는 곳에서, 이러한 혼합이 가장 쉽게 나타나리라고 생각할 수 있습니다. 그리고 오직 이러한 공동체에서만 두 영역이 혼합되고 뒤바뀔 위험이 있으며, 순전히 영적인 공동체에서는 이러한 위험이 전혀 나타나지 않으리라고 생각할 수 있습니다. 그러나 이러한 생각은 사람들을 엄청나게 기만하는 것입니다. 사실은 정반대임을 우리는 여러 경험을 통해 쉽게 알아챌 수 있습니다. 결혼이나 가정, 우정은 그들의 공동체를 이루는 힘의 한계를 매우 정확하게 인식하고 있습니다. 건강한 공동체는 정신적인 것의 한계가 어디에 있는지, 영적인 것이 어디에서 시작되는지 아주 잘 알고 있습니다. 이러한 공동체는 육체적·정신적 공동체와 영적인 공동체의 차이를 잘 알고 있습니다. 모든 인간적인 것들이 공동체 속으로 들어와서 뒤섞일 위험은, 오히려 공동체가 순전히 영적인 유형으로 나타날 때 더욱 커집니다. 순전히 영적이기만 한 삶의 공동체는 위험할 뿐만 아니라, 매우 비정상적인 현상이기도 합니다. 육체적인 가족 공동체나 진지한 노동 공동체가 아닌 곳, 일상의 삶이 노동하는 인간을 그다지 요구하지 않는 영적인 공동체가 우뚝 솟아나 있는 곳이야말로, 우리가 특별히 정신을 차리고 깨어서 살펴야 할 곳입니다. 이러한 이유에서 짧은 휴가 기간에 정신적인 요소가 가장 쉽게 퍼진다는 사실을 우리는 경험을 통해 알 수 있습니다. 며칠간의 공동생활을 통해 공동체에 대한 열광을 불러일으키는 것보다 더 쉬운 일은 없습니다. 한편 형제들의 평범하고 일상적인 공동생활을 건전하고 건강하게 이루어 나가는 데 있어서 이보다 더 치명적인 것도 없습니다.

하나님께서 자신의 삶에 참된 성도의 교제라는 복된 **체험**을 한 번도 선사하신 적이 없는 그리스도인은 없을 것입니다. 그러나 이 세상에서 그러한 체험은 그리스도인의 공동생활에 있어 일용할 양식을 넘어서는 은혜로운 약속으로 머물 뿐입니다. 우리는 그러한 체험을 요구할 수 없으며, 그러한 체험을 위해 다른 그리스도인들과 더불어 살아가는 것도 아닙니다. 그리스도인의 형제애에 대한 체험이 아니라, 형제애에 대한 견고하고 확실한 믿음이 우리를 하나 되게 합니다. 하나님께서 우리 모두에게 행하셨고 또 우리 모두에게 행하려 하시는 일을, 우리는 믿음 안에서 하나님께서 주시는 최상의 선물로 받습니다. 그리고 이 선물이 우리를 기쁘고 행복하게 하는 것이며, 하나님께서 허락하지 않으신다면 모든 체험을 기꺼이 포기할 수도 있습니다.

"보라 형제가 연합하여 동거함이 어찌 그리 선하고 아름다운고" 시 133:1 이것이 바로 말씀 아래 더불어 살아가는 삶에 대한 성경의 찬송입니다. '연합하여'라는 말씀을 올바로 해석하면, "형제가 '그리스도를 통해' 동거함"을 의미합니다. 왜냐하면, 오직 예수 그리스도만이 우리의 일치가 되시기 때문입니다. "그는 우리의 화평이시라." 엡 2:14 그를 통해서만 우리는 서로 가까이 다가갈 수 있으며, 서로를 기뻐하며, 그와 더불어 성도의 교제를 누릴 수 있습니다.

2.

함께하는
날

하나님이여,

아침에 당신을 찬양하고 저녁에 당신 앞에 기도드립니다.

우리의 가련한 노래로 지금 이 순간 당신을 찬미하며,

언제까지나 영원토록 당신을 높이며 자랑합니다.

— 마르틴 루터가 인용한 암브로시우스의 찬송가

"그리스도의 말씀이 너희 속에 풍성히 거하여."골 3:16 구약 시대의 하루는 저녁에 시작되어 다시 해가 질 때 끝이 납니다. 해가 질 때는 기대로 가득한 시간입니다. 반면에 신약 시대 교회의 시간은 해가 뜨는 이른 아침에 시작되어 새 아침 동이 틀 때 끝이 납니다. 동이 틀 때는 완성의 시간이며, 주님께서 부활하신 시간입니다. 그리스도는 밤에 탄생하셔서, 흑암 속에서 빛나는 빛이 되셨습니다. 그리스도가 십자가에 달려 고난을 당하시고 죽으셨을 때 한낮이 밤이 되었으나, 그리스도는 부활절의 동트는 새벽에 승리자로 무덤에서 나오셨습니다. "동트는 이른 아침 / 내 구주 그리스도께서 부활하시니 / 죄의 밤은 물러가고 / 빛과 구원, 생명이 다시 돌아왔도다. 할렐루야."Johann Heermann, 요한 헤르만 종교개혁 시대의 교회는 이렇게 노래하였습니다. 그리스도는 그분을 기다리는 교회에 떠오른 "의로운 해"이십니다.말 4:2 주를 사랑하는 자들은 마치 해가 힘 있게 떠오르는 것과 같을 것입니다.삿 5:31 이른 아침은 부활하신 그리스도의 교회에 속한 시간입니다. 새벽 여명이 밝아올 때마다 교회는 죽음과 악마와 죄를 이기고 그 발아래 굴복시키셨으며, 인류에게 새 생명과 구원을 선사하신 그 아침을 기억하게 됩니다.

밤의 공포와 두려움에 대해 전혀 아는 바가 없는 우리 현대인들은, 우리의 선조들과 옛 그리스도인들이 아침마다 다시 떠오르는 빛으로 인해 맛보았던 그 커다란 희열에 대해 무엇을 알고 있을까요? 우리가 이른 아침 삼위일체 하나님께 마땅히 드려야 할 찬양을 다시 배우기를 원한다면, 다시 말해 어두운 밤에 우리의 생명을 지켜 주시고 우리가 새날을 맞이하도록 깨워 주시는 아버지이신 창조주 하나님, 우리를 위해 무덤과 지옥을 이기시고 우리 가운데 승리자로 서 계신 세상의 구주 성자 하나님, 이른 아침에 우리의 마음을 밝게 비추는 하나님의 말씀을 주셔서 모든 흑암과 죄악을 쫓아내시고 바르게 기도할 수 있도록 가르치시는 성령 하나님께 이른 아침 드려야 할 찬양을 다시 배우고자 한다면, 우리는 뜻을 같이하여 동거하는 형제들이 밤이 지난 후 그들의 하나님을 함께 찬양하고 함께 말씀을 들으며 함께 기도하기 위하여 이른 아침에 다시 모이는 것이 얼마나 큰 기쁨이 되는지를 깨닫게 될 것입니다. 아침은 개인이 아니라, 삼위일체 하나님의 교회에 드려져야 할 시간입니다. 아침은 그리스도인의 가정 공동체를 위한 시간이며, 형제들과의 모임을 위해 구별되어야 할 시간입니다. 이른 아침에 함께 하나님을 찬양하도록 교회를 일깨우는 옛 노래들은 한없이 많습니다. 보헤미아 형제들은 새벽 미명에 이렇게 노래했습니다.

사랑하는 성도들아, 낮이 어두운 밤을 몰아내었으니
활기차게 깨어 일어나
주 하나님을 찬양하라.
여러분의 주 하나님이
주의 형상을 따라 여러분을 창조하사
그분을 알게 하셨음을 기억하라.

또 이렇게 노래했습니다.

"오, 주 하나님,

밝아 오는 새날에 당신을 찬양하며,

긴 밤 우리를 지켜 주신 가장 귀한 당신께 감사드리오니,

오늘도 우리를 지켜 주소서.

우리는 가련한 순례자의 무리,

우리 곁에 계셔서 우리를 도우시고,

그 어떤 악도 우리를 덮치지 못하도록 보호해 주소서."

그리고 이렇게도 노래했습니다.

"오, 형제들이여, 지금 날이 밝아 오고 있으니,

긴 밤 은혜로 우리를 지키고 보호해 주신

자비로운 하나님께 감사드리세.

주 하나님, 우리 몸을 당신께 드리오니,

우리의 말과 행동과 욕망을

당신 마음의 소원대로 이끌어 주시고,

우리가 하는 모든 일이 선한 열매를 맺게 하소서."

말씀 아래 더불어 살아가는 삶은 이른 아침 함께 모여 드리는 예배와 함께 시작됩니다. 가정 공동체는 찬양과 감사를 드리며, 성경을 읽고 기도하기 위해 모입니다. 교회의 기도와 찬양이 아침 시간의 깊은 정적을 깨고 울려 퍼집니다. 밤과 이른 아침의 고요함으로 인해, 찬양과 하나님의 말씀은 더욱 선명하게 드러납니다. 성경은 하루의 첫 생각이나 말이 하나님께 드려져야 한다고 말씀합니다. "여호와여, 아침에 주께서 나의 소리를 들으시리니 아침에 내가 주께 기도하고 바라리이다."시 5:3 "아침에 나의 기도가 주의 앞에 이르리이다."시 88:13 "하나님이여, 내 마음이 확정되었고 내 마음이 확정되었사오니 내가 노래하고 내가 찬송하리이다. 내 영광아 깰지어다. 비파야, 수금아, 깰지어다. 내가 새벽을 깨우리로다."시 57:7-8 믿음의 사람들은 동터 오는 이른 아침에 하나님을 목마르게 찾으며 갈망하고 있습니다. "내가 날이 밝기 전에 부르짖으며 주의 말씀을 바랐사오며."시 119:147 "하나님이여, 주는 나의 하나님이시라. 내가 간절히 주를 찾되 물이 없어 마르고 황폐한 땅에서 내 영혼이 주를 갈망하며 내 육체가 주를 앙모하나이다."시 63:1 솔로몬의 지혜서는 "당신께 감사하기 위하여 해 뜨기 전에 일어나야 하고 동틀 녘에 당신께 기도해야 함을 알게 하시려는 것이었습니다"[지혜 16:28]라고 권면합니다. 시락[Jesus Sirach]도 특별히 성경학자들에 대해 이렇게 말하고 있습니다. "그는 아침 일찍 일어나 자신을 만드신 주님을 찾는 일에 마음을 쏟고 지극히 높으신 분 앞에서 기도한다."[집회 39:5] 성경을 살펴보면, 아침 시간이 하나님의 특별한 도우심이 있는 시간이라고 말한다는 것을 알 수 있습니다. 하나님의 도성에 관해서도 "새벽에 하나님이 도우시리로다"[시 46:5]라고 했으며, 또한 "이것들이 아침마다 새로우니 주의 성실하심이 크시도소이다"[애 3:23]라고 말합니다.

그리스도인들에게 하루의 시작은 일상의 잡다한 일들로 인해 짓눌리거나 괴롭힘 당해서는 안 됩니다. 새날은 그날을 지으신 주님께서 주관하십니다. 밤의 칠흑 같은 어둠과 어수선한 꿈들로 인해 산란해진 마음은 오직 예수 그리스도의 선명한 빛과 영혼을 일깨우는 말씀 앞에서만 물러갑니다. 예수 그리스도 앞에서 모든 불안과 불순함, 모든 근심과 걱정은 사라지고 맙니다. 그러므로 이른 아침에는 잡다한 상념이나 수없이 많은 무익한 말들을 잠재우고, 우리가 하는 첫 생각과 말이 우리 전 인생의 주인이신 분께 드려지도록 해야 합니다. "그러므로 이르시기를 잠자는 자여 깨어서 죽은 자들 가운데서 일어나라 그리스도께서 너에게 비추이시리라 하셨느니라."엡 5:14

성경은 우리에게 이상하리만큼 자주 하나님의 사람들이 하나님을 찾고 그분의 명령을 수행하기 위해 아침 일찍 일어났다는 사실을 상기시켜 줍니다. 아브라함이 그러했으며, 야곱과 모세, 여호수아가 그러했습니다.창 19:27, 22:3, 출 8:16, 9:13, 24:4, 수 3:1, 6:12 참조 공연한 말이라고는 전혀 하지 않는 복음서에서도 예수님 자신에 관해서 이렇게 말합니다. "새벽 아직도 밝기 전에 예수께서 일어나 나가 한적한 곳으로 가사 거기서 기도하시더니."막 1:35 불안과 근심으로 인해 일찍 일어나는 경우도 있는데, 성경은 그것은 쓸데없는 일이라고 말합니다. "너희가 일찍이 일어나고 늦게 누우며 수고의 떡을 먹음이 헛되도다."시 127:2 그러나 하나님에 대한 사랑 때문에 일찍 일어나는 경우도 있는데, 성경의 사람들이 바로 그런 삶을 살았습니다.

아침 시간의 **공동 기도회**에는 성경 강독과 찬양, 기도가 필연적으로 따라옵니다. 공동체가 다양한 만큼 아침 기도회의 모습도 다양하며, 또 그렇게 다양한 것이 당연할 것입니다. 어린아이들과 함께하는 가정 공동체는 신학자들의 모임과는 다른 모습의 기도회가 필요합니다. 만약 전자가 후자와 똑같은 모양의 기도회를 가지려고 시도한다면 그것은 결코 건강하다고 할 수 없습니다. 또 예를 들어, 신학자들로 이루어진 형제 공동체가 어린아이들을 위한 가정 기도회에 만족하고 만다면 어떻게 되겠습니까? 그러나 모든 공동 기도회 시간에는 **성경 말씀**과 **교회의 찬양**, **공동체의 기도**가 빠져서는 안 됩니다. 이제 공동 기도회에 대해 세부적으로 살펴보고자 합니다.

"시와 찬송과 신령한 노래들로 서로 화답하며."엡 5:19 "모든 지혜로 피차 가르치며 권면하고 시와 찬송과 신령한 노래를 부르며."골 3:16 예로부터 교회는 공동으로 드리는 **시편 기도**에 특별한 의미를 부여해 왔습니다. 지금도 공동 기도회를 시편으로 시작하는 교회들이 많습니다. 그러나 우리에게서 이러한 전통은 점점 사라지고 있으며, 우리는 시편 기도를 사용하는 방법을 다시 새롭게 배워야만 할 지경에 이르고 말았습니다. 시편은 성경 전체에서 아주 독특한 위치를 차지하고 있습니다. 시편은 하나님의 말씀인 동시에, 몇 안 되는 예외를 제외하고는 사람의 기도이기도 합니다. 이것을 어떻게 이해해야 합니까? 어떻게 하나님의 말씀이, 동시에 하나님께 드리는 기도가 될 수 있습니까?

이러한 질문에 대해 시편으로 기도하기 시작하는 모든 사람이 경험하고 주목하는 사실이 있습니다. 그는 처음에는 자신의 개인적인 기도를 시편 말씀으로 기도하기 시작합니다. 그런데 얼마 지나지 않아 절대로 자신의 개인적인 기도로 생각하며 기도드릴 수 없는 시편 말씀을 접하게 됩니다. 무죄를 호소하는 시편이라든지, 보복을 호소하는 시편들이 여기에 속하며, 부분적으로는 고난 속에서 부르짖는 시편들이 여기에 속합니다. 그러나 이러한 기도들 또한 엄연히 성경 말씀이며, 신앙을 가진 그리스도인이라면 이 기도들을 시대에 뒤떨어진 낡은 것, "종교적인 전 단계"religiöse Vorstufe●로 치부하며 폐기해 버릴 수 없습니다. 다시 말해 그는 성경 말씀을 애써 모른 척하고 싶지 않지만, 이 말씀으로 기도할 수는 없음을 인식합니다. 그는 이러한 기도를 다른 누군가의 기도로서 읽거나 들을 수 있습니다. 그리고 그러한 기도에 대해 놀라고 분노

● 『옥중서신—저항과 복종』(복 있는 사람) 163쪽 참조.—편집자

할 수도 있습니다. 그러나 그 시편을 자신의 기도로 드릴 수는 없으며, 그렇다고 해서 아예 성경 말씀에서 이 기도들을 빼 버릴 수도 없습니다. 이런 경우 사람들은 자신이 이해할 수 있고 기도할 수 있는 시편을 굳게 붙들고, 이해할 수 없는 어려운 성경 말씀을 읽을 때면 담담히 그냥 지나쳐 버리고, 이해할 수 있는 단순한 시편으로 거듭 돌아오라고 말하는 것이 실용적일지도 모릅니다. 그러나 이해하기 어려운 시편에 부딪혔을 때야말로, 우리가 비로소 시편의 비밀을 처음으로 엿볼 수 있는 장소입니다. 우리의 입술에 올리기조차 꺼려지는 시편, 우리의 말문을 막아 버리고 당황하게 하는 시편이야말로, 여기서 기도하는 분이 우리 자신이 아니라 다른 분임을 알 수 있게 합니다. 다시 말해 여기서 자신의 무죄를 선언하며 하나님의 심판을 호소하면서 한없이 깊은 고난 속으로 빠져 들어가신 분은 다름 아닌 예수 그리스도임을 알게 됩니다. 여기서 기도하고 계신 분은 예수 그리스도이며, 이곳에서뿐만 아니라 시편 전체를 통해 기도하고 계신 분은 바로 예수 그리스도입니다. 신약성경과 교회는 처음부터 이 사실을 알고 증언하였습니다. 그 어떤 곤궁이나 질병, 고난도 낯설지 않은 분, 전혀 죄가 없고 의로우셨던 **인간** 예수 그리스도께서 시편에서 교회의 입을 통해 기도하는 것입니다. 시편은 가장 참된 의미에서 예수 그리스도의 기도서입니다. 예수 그리스도께서 시편으로 기도하셨기에 이제 시편은 모든 시대를 위한 그분의 기도가 되었습니다. 어떻게 시편이 하나님께 드리는 기도인 동시에 하나님 자신의 말씀일 수 있는지, 그 해답은 기도하시는 그리스도께서 거기서 우리를 만나고 계시기 때문이라는 사실을 이제는 이해할 수 있겠습니까? 예수 그리스도께서 그분의 교회 안에서 시편으로 기도하고 계십니다. 또한, 그분의 교회도 시편으로 기도하며, 개인도 시편으로 기도합니다. 그러나 우리 모두는 그리스도께서 우리 안에서 기도하고 계시는 동안 기도하는 것이며, 이곳에서 우리는 자신의 이름이 아닌 예수 그리스도의 이름으로 기도합니다. 그것은 자신의 심정에서 우러나오는 자연스러운 갈망에서 나오는 기도가 아니라, 그가 영접한 그리스도의 인성에서 나오는 기도입니다. 그의 기도는 오직 인간 예수 그리스도의 기도에 근거하고 있습니다. 이로써 그의 기도는 응답의 약속을 받습니다. 개인이나 교회가 시편으로 기도드릴 때면, 그리스도께서도 하나님의 천국 보좌 앞에서 함께 기도드리기 때문입니다. 또한, 기도하는 자들이 예수 그리스도의 기도 속으로 휩싸여 들어가서 기도하기 때문에, 그 기도는 하나님의 귀에 상달되는 것입니다. 시편으로 기도할 때, 그리스도께서 그들의 중보기도자가 되십니다.

시편에서 그리스도는 그분의 교회를 대표하여 기도하고 있습니다. 그리스도께서 아버지 곁에 계시는 지금은 그리스도의 새로운 피조물이 기도하고 있으며, 그리스도의 몸인 교회가 지상에서 마지막 날이 오기까지 계속 그분의 기도를 드리게 됩니다. 시편 기도는 각 개인에게 속한 것이 아니라, 그리스도의 몸 전체에 속한 기도입니다. 오직 전체 그리스도의 몸으로서만 시편 말씀의 모든 것이 생생하게 살아 있으며, 개인으로서의 그리스도인은 그것을 결코 온전히 이해할 수 없을 뿐만 아니라, 자신의 것이라 말할 수도 없습니다. 그러므로 시편 말씀은 특별한 방식으로 성도의 공동체에 속해 있는 것입니다. 어느 한 구절이나 한 시편이 나 자신의 기도는 아니라 할지라도, 그것은 공동체에 속해 있는 다른 사람의 기도일 수 있으며, 무엇보다도 참 인간이신 예수 그리스도와 지상에 존재하는 그분의 몸 된 교회의 기도임에는 틀림이 없습니다.

우리는 시편에서 그리스도의 기도를 근거로 기도하는 법을 배웁니다. 시편은 위대한 기도의 학교입니다. **첫째**, 우리는 여기서 기도가 무엇인지를 배웁니다. 즉 하나님의 말씀에 기초하여 기도하며, 하나님의 약속을 근거로 기도하는 법을 배웁니다. 그리스도인의 기도는 계시된 말씀의 확고한 기초 위에 있는 것이지, 막연하고 이기적인 소원들과는 아무 관계도 없습니다. 우리는 참 인간 예수 그리스도의 기도를 근거로 기도하는 것입니다. 성령이 우리 안에서 기도한다거나 그리스도께서 우리를 위하여 기도하신다고 할 때, 또 우리가 오직 예수 그리스도의 이름 안에서만 올바르게 하나님께 기도드릴 수 있다는 성경 말씀이 뜻하는 바는 모두 이러한 사실을 시사하는 것입니다.

둘째, 시편의 기도에서 우리는 무엇을 기도해야 할 것인지를 배웁니다. 시편 기도의 폭이 개인의 경험 수준을 훨씬 넘어서는 차원이라고는 하지만, 그런데도 각 개인은 믿음 안에서 그리스도의 기도 전부를 드리고 있습니다. 그 기도는 참 인간이셨으며, 시편에 담겨 있는 기도를 유일하게 온전히 경험하셨던 그리스도의 기도입니다. 그렇다면 우리가 보복의 시편도 기도할 수 있다는 말입니까? 죄인 된 우리가 보복의 기도에 우리의 악한 생각을 연관 지어 기도드린다면 절대 허락되지 않습니다. 그러나 하나님의 모든 보복을 몸소 당하신 그리스도께서 우리 안에 계신다면, 예수 그리스도의 지체로서 우리는 예수님을 통하여 예수 그리스도의 마음으로 보복의 시편을 기도할 수 있습니다. 다시 말해, 우리를 대신하여 하나님의 보복을 당하셨던 분, 스스로 하나님의 보복을 당하시면서 원수를 용서할 수 있었던 분, 원수를 자유케 하기 위하여 자신이 그 보복을 맛보셨던 분이 우리 안에 계신다면 가능합니다. 우리가 시편 기자들처럼 자신을 무죄하고 경건하며 의로운 사람이라고 말할 수 있을까요? 우리 자신의 모습에 기초해서는 그렇게 말할 수 없으며, 우리의 어그러진 마음에서 나오는 기도로는 결코 그럴 수 없습니다. 그러나 우리는 죄 없고 순결하신 예수 그리스도의 마음으로부터, 즉 우리로 하여금 믿음 안에서 참여하게 하시는 그리스도의 무죄하심으로부터는 그렇게 말할 수 있으며, 또 그렇게 말해야 합니다. "그리스도의 피와 의가 우리의 장식과 영광의 옷"이 되었기 때문에, 우리는 무죄함을 호소하는 시편을 우리를 위한 그리스도의 기도요 우리에게 주신 선물로서 기도할 수 있으며, 또 그렇게 기도해야 합니다. 이런 시편들도 예수 그리스도로 말미암아 우리의 것이 됩니다. 그런데 우리는 말로 다 표현할 수 없는 곤경과 고난의 기도를 어떻게 드릴 수 있습니까? 더구나 그 뜻을 희미하게나마 이해하기 어려운 그러한 기도를 어떻게 드릴 수 있습니까? 우리가 고난의 시편들을 기도하고 또 기도해야만 하는 이유는, 우리가 경험해 보지도 못한 그 어떤 경지에 이르기 위함도, 자신의 처지를 한탄하기 위함도 아닙니다. 우리가 이러한 기도들을 드릴 수 있는 이유는, 오직 이 모든 고난이 예수 그리스도 안에서 실제로 존재했기 때문이요, 인간 예수 그리스도께서 질병과 고통과 치욕과 죽음을 겪으셨고, 그의 고난과 죽음 속에서 모든 육체가 고난을 당하고 죽었기 때문입니다. 그리스도의 십자가에서 우리에게 일어난 일, 즉 우리 옛사람의 죽음이 우리에게 이러한 기도를 드릴 수 있는 권리를 부여해 줍니다. 그리고 우리가 세례를 받을 때 우리에게 일어나며 또 일어나야만 하는 그 일, 즉 우리 육신의 죽음 속에서 우리는 이러한 기도를 드릴 권리를 부여받게 됩니다. 예수님의 십자가를 통해 이러한 시편들은 그분의 마음에서 나오는 기도로서, 지상에 있는 그분의 몸에 참여하도록 허락된 것입니다. 여기서 우리가 이러한 사실을 더 자세하게 계속 나열할 수는 없습니다. 다만 그리스도의 기도로서, 시편 자체의 넓이와 깊이를 어느 정도 암시할 수 있을 뿐이었습니다. 이제는 우리 자신이 시편 안으로 들어가서 천천히 성장해 나가는 방법이 남아 있을 뿐입니다.

셋째, 시편 기도는 공동체로서 기도하는 법을 가르쳐 줍니다. 다시 말해 시편 기도는 그리스도의 몸이 기도하고 있다는 사실을 알게 하며, 한 개인으로서 내가 드리는 기도는 교회가 드리는 전체 기도의 극히 작은 한 부분에 지나지 않음을 깨닫게 해줍니다. 그리하여 나는 그리스도의 몸의 기도를 함께 드리는 법을 배우게 됩니다. 이것은 나의 개인적 관심사를 넘어서서 사욕이 없는 기도를 드리게 합니다. 구약성경의 공동체는 수많은 시편을 교독하면서 기도했음이 분명합니다. 이른바 '병행 시구', 즉 같은 시편 구절에서 똑같은 내용을 두 번째 행에서 다른 말로 반복하고 있는 기이한 방법은 단지 문학적 형식에 불과한 것이 아니라, 교회적이며 신학적인 의미도 담고 있는 것이라 여겨집니다. 한 번쯤 이 문제를 아주 철저하게 다루어 본다면, 그것은 가치 있는 일이 될 것입니다. 우리는 시편 5편에서 이에 대한 분명한 예를 발견할 수 있습니다. 여기서 우리는 하나의 동일한 기도 제목을 서로 다른 말로 하나님 앞에 가져와서 기도하는 두 음성이 있음을 보게 됩니다. 이것이야말로 그 누구도 결코 혼자 기도하는 것이 아니며, 개인의 기도가 올바른 기도가 되기 위해서는 항상 다른 한 사람, 즉 그리스도의 몸 된 교회의 다른 지체가 함께 기도해야 한다는 사실을, 아니 그리스도 자신이 함께 기도해야만 한다는 사실을 암시해 주는 것이 아니겠습니까? 동일한 내용의 반복은 결국 시편 119편에서 결코 끝나려 하지 않고, 거의 접근이나 해석이 불가능한 단순함으로 승화되고 있는 것이 아니겠습니까? 이것은 바로 모든 기도의 말은 오직 중단되지 않는 반복 속에서만 이를 수 있는(그러나 궁극적으로는 그런 방법으로 이를 수 있는 것도 아닙니다!) 마음 깊은 곳에 도달하려는 것임을 암시해 주는 것이 아니겠습니까? 다시 말해 기도란 마음에 가득 차 있는 괴로움이나 즐거움을 쏟아놓는 일회적인 행위가 아니라, 예수 그리스도 안에서 하나님의 뜻을 결코 중단함 없이 꾸준히 배우고, 자기 것으로 만들며, 기억 속에 각인시켜 나가는 일입니다. 외팅어Chr. Ötinger는 그의 시편 강해에서 시편 전체를 주기도문의 일곱 가지 간구에 따라 분류함으로써 심오한 진리를 관철하고 있습니다. 이로써 그는 광대하고 위대한 시편의 모든 내용이 주기도문의 짧은 간구 속에 모두 들어 있음을 말하고자 한 것입니다. 우리의 모든 기도 속에는 항상 예수 그리스도의 기도가 있을 뿐입니다. 그 기도는 약속을 가지고 있으며, 우리의 기도를 이방인의 중언부언으로부터 해방해 줍니다. 우리가 시편 속으로 다시 들어가 더 깊이 성장하여 갈수록, 그리고 더 자주 시편으로 기도할수록, 우리의 기도는 그만큼 더 단순하고 풍요로워질 것입니다.

가정교회에서는 시편 기도에 이어 찬송을 부르고, 그다음에 **성경 읽기**가 이어집니다. "내가 이를 때까지 읽는 것과 권하는 것과 가르치는 것에 전념하라."딤전 4:13 우리가 공동으로 성경 읽기를 바르게 할 수 있기 위해서는, 가장 먼저 각종 해로운 선입견들을 극복해야 합니다. 우리 중 거의 대부분이, 성경을 읽을 때 오늘 하루를 위한 하나님의 말씀을 듣는다는 생각을 하며 자랐습니다. 그래서 대부분의 경우, 하루의 삶을 살아가는 데 필요한 짧은 몇 구절만을 뽑아 읽는 것이 성경 읽기의 전부가 되고 말았습니다. 물론 형제단 교회의 「로중」Losung● 같은 성경 묵상은 분명 사용하는 모든 사람에게 지금까지도 실제적인 축복이 되어 왔다는 사실에는 의심의 여지가 없습니다. 특히 교회 투쟁 시기에는 많은 사람이 이 묵상집을 읽으면서, 이것이 얼마나 훌륭하고 고마운 것인지를 깨닫고 새삼 놀라움을 금치 못하기도 하였습니다. 그러나 삶의 지침이 되는 짧은 성구가 성경 읽기를 대신할 수는 없으며, 그렇게 되어서도 안 된다는 사실에는 의심의 여지가 없습니다. 매일의 묵상 말씀이 모든 시대를 통해 최후의 마지막까지 존속하게 될 성경 자체는 아닙니다. 성경은 매일의 묵상을 위해 뽑아 놓은 성구 그 이상입니다. 성경은 오늘의 양식이 되는 말씀 이상입니다. 성경은 모든 시대를 위한, 그리고 모든 인간을 위한 하나님의 계시의 말씀입니다. 성경은 개별 격언들로 이루어진 책

● 진젠도르프 백작이 '헤른후트 형제단'을 이끌며, 처음에는 다음날 하루를 위한 성구를 나누어 주다가, 1731년에 처음으로 소책자로 만들었다. 신약과 구약에서 각각 한 말씀씩을 뽑아 만든 매일의 성구는, 그 이후 전쟁이나 사회적 변혁, 혼란의 와중에도 단 한 번도 중단됨 없이 매년 인쇄되어 나왔으며, 교파를 초월하여 그리스도인들의 일용할 양식으로 널리 사랑받고 있다.—옮긴이

이 아닙니다. 성경은 하나의 전체입니다. 그래서 성경은 전체로서 관철되기를 원합니다. 전체로서의 성경이 하나님께서 주신 계시의 말씀입니다. 성경의 무한한 내적 관계들 속에서 비로소 구약과 신약, 약속과 성취, 희생과 율법, 율법과 복음, 십자가와 부활, 믿음과 순종, 소유와 희망의 연관성 속에 있는 주 예수 그리스도의 증거가 온전하고 명료하게 주어지는 것입니다. 그러므로 공동 기도회 시간에는 시편 기도 외에도 좀 더 긴 구약과 신약 말씀을 봉독하는 순서를 가져야 합니다. 그리스도인의 가정 공동체는 아침과 저녁에 구약 한 장, 신약은 적어도 반 장을 읽고 들을 수 있는 정도가 되어야 합니다. 물론 처음에는 얼마 되지 않는 이 분량이 대부분의 사람들에게 너무 과도한 것처럼 느껴져서 반발을 불러일으킬지도 모릅니다. 그렇게 엄청난 양의 사상과 맥락들을 진실로 받아들이고 지키는 것은 불가능하다며 항의할지도 모릅니다. 더 나아가 하나님의 말씀을 진지하게 소화해 낼 수 있는 그 이상을 읽는 것은 하나님의 말씀을 오용하는 것이라며 항의할 수도 있습니다. 이러한 항의는 우리로 하여금 다시 짤막한 말씀 묵상으로 만족하게 합니다. 그러나 바로 여기에 심각한 죄가 숨어 있습니다. 구약 한 장을 전체 맥락 속에서 읽고 이해하는 것이 성인 그리스도인에게 그토록 어려운 일이라면, 우리는 참으로 깊은 수치심을 느껴야 할 것입니다. 왜냐하면, 그것은 우리의 성경 지식과 지금까지의 성경 읽기가 얼마나 가련한 수준인지를 보여 주는 증거이기 때문입니다. 우리가 읽는 것이 이미 알고 있는 내용이라면, 구약 한 장쯤은 그리 어렵지 않게 읽을 수 있을 것이며, 더욱이 성경을 펴서 함께 읽는 것이라면 더욱 쉬워질 것입니다. 무엇보다도 우리는 자신이 여전히 성경을 너무 모른다는 사실을 인정해야 합니다. 하나님의 말씀에 대한 우리 자신의 무지를 죄로 인식했다면, 우리는 지금까지 소홀히 했던 일을 진지하고 신실하게 보충해야 하며, 그 누구보다도 신학자들이 먼저 이 일에 더욱 매진해야 하지 않겠습니까? 물론 공동 기도회의 목적이 성경을 배우는 것이 아니라거나, 그것은 기도회 외의 시간에 충분히 할 수 있는 평범한 일에 속한다는 항의도 있을 수 있습니다. 그러나 이러한 항의는 기도회에 대한 완전히 왜곡된 이해에서 제기되는 것입니다. 하나님의 말씀은 이해하는 정도에 따라 저마다 다른 방식으로 들어야 합니다. 어린이는 기도회에서 성경 이야기를 처음 듣고 배우지만, 성인이 된 그리스도인은 성경 이야기를 거듭 배우면서 점점 더 잘 이해하며 알아가게 될 것입니다. 그러나 그렇다고 해서 성경을 읽고 듣는 일에 결코 완전히 통달할 수는 없습니다.

그러나 단지 미성숙한 그리스도인들뿐만 아니라, 성숙한 그리스도인들조차도 성경 읽는 시간이 너무 길고 이해할 수 없는 부분이 많다며 불평을 늘어놓을 수 있습니다. 성숙한 그리스도인에게도 모든 성경 읽기가 '너무 길게' 느껴질 수 있으며, 가장 짧은 구절조차도 그렇게 느껴질 수 있습니다. 이것은 무엇을 의미합니까? 성경은 하나의 전체이며, 따라서 각 낱말과 각 문장이 전체와의 관계에서 아주 복잡한 연관성을 맺고 있는데, 개별적인 것을 넘어 항상 전체를 볼 수 있는 안목을 가진다는 것이 불가능하다는 사실입니다. 여기에서 성경 전체가 우리의 이해력 너머에 있듯이, 개별 말씀도 우리의 이해력 너머에 있다는 사실을 분명히 알 수 있습니다. 그러므로 우리가 날마다 이 사실을 기억하면서, 이를 통해 "그 안에는 지혜와 지식의 모든 보화가 **감추어져** 있느니라"골 2:3 하신 말씀을 깨닫게 되고, 그리하여 예수 그리스도 안에 감추어진 그 모든 지혜를 바라보게 된다면 좋을 것입니다. 아마도 우리는 모든 성경 읽기는 언제나 '너무 긴' 것이 될 수밖에 없다고 말해도 좋을 것인데, 그 이유는 성경은 격언이라거나 생활의 지혜가 아니기 때문입니다. 즉 성경은 예수 그리스도 안에 있는 하나님의 계시의 말씀이기 때문입니다.

성경은 몸, 즉 살아 있는 전체이기 때문에 가정교회의 성경 읽기에서는 무엇보다도 연독連讀의 방식이 고려되어야 할 것입니다. 역사서, 예언서, 복음서, 서신서, 계시록은 하나님의 말씀으로서, 상호 연관성 속에서 읽고 들어야 합니다. 이 성경들은 말씀을 듣는 교회를 이스라엘 백성의 예언자, 사사, 왕, 제사장, 그리고 그 백성이 겪은 전쟁과 축제, 희생과 고난 속에 나타난 놀라운 계시의 세계 한가운데로 인도할 것입니다. 믿음의 공동체는 성탄절 이야기 속으로, 세례 속으로, 기적과 말씀 선포 속으로, 예수 그리스도의 수난과 죽으심, 부활 속으로 이끌려 들어가게 될 것입니다. 신실한 믿음의 교회는 옛적에 온 세상의 구원을 위해 이 땅에서 일어났던 그 사건에 참여하며, 바로 이 자리에서 가장 먼저 자기 자신이 예수 그리스도 안에 있는 구원을 영접하게 됩니다. 성경을 연속적으로 읽는 사람들은 들으려는 마음만 있으면, 하나님께서 인류 구원을 위해 단번에 온전히 이루셨던 바로 그곳으로 인도되고, 그곳에서 자기 자신을 발견하게 됩니다. 특히 예배시간에 성경을 읽으면, 우리는 성경의 역사서들 속에서 아주 새로운 경험을 하게 됩니다. 우리는 한때 우리의 구원을 위해 일어났던 사건에 참여하게 되며, 우리 자신을 잊어버리고 잃어버리면서, 함께 홍해를 건너고 광야를 거쳐 요단 강 너머 약속의 땅으로 들어갑니다. 우리는 이스라엘과 함께 의심과 불신에 빠지기도 하고, 징계와 회개를 통해 다시금 하나님의 도우심과 신실하심을 체험하기도 합니다. 그리고 이 모든 것은 헛된 몽상이 아니라, 하나님의 거룩하고 영광스러운 현실입니다. 우리는 우리 자신의 실존에서 벗어나 지상에서 일어나는 하나님의 거룩한 역사 속으로 옮겨지게 되는 것입니다. 그곳에서 하나님은 우리를 위해 친히 행하셨습니다. 그리고 오늘도 그곳에서 우리를 위해, 우리의 곤궁과 죄에 대해 진노하시고 은혜를 베푸시며 역사하고 계십니다. 하나님께서 오늘 우리의 삶을 지켜보고 개입하신다는 사실이 중요한 것이 아니라, 우리가 열심히 귀 기울여 듣는 자가 되고, 거룩한 역사 가운데서 하나님께서 행하시는 일, 즉 이 땅에서 일어나고 있는 그리스도의 역사에 동참하는 자가 되는 것이 중요합니다. 오직 우리가 그 자리에 함께 있을 때 하나님께서도 오늘 우리와 함께하십니다. 여기서 완전한 반전이 일어납니다. 하나님의 도우심과 임재하심은 우리의 삶 속에서 지금에야 비로소 입증되어야 하는 것이 아니라, 예수 그리스도의 삶 속에서 우리를 위한 하나님의 임재하심과 도우심이 이미 확증되었다는 사실입니다. 하나님께서 오늘 내 인생에 두신 뜻이 무엇인지 탐구하는 것보다, 하나님께서 이스라엘에게 행하신 일과 당신의 아들 예수 그리스도에게 행하신 일이 우리에게 실제로 더 중요합니다. 내가 죽는다는 사실보다, 예수 그리스도께서 죽으셨다는 사실이 더 중요합니다. 예수 그리스도께서 죽은 자 가운데서 부활하셨다는 사실이, 마지막 심판의 날에 내가 부활하게 될 것이라는 소망의 유일한 근거가 되기 때문입니다. 우리의 구원은 "우리 자신의 밖"etxtra nos에 있습니다. 나는 나 자신의 인생사가 아닌 오직 예수 그리스도의 삶 속에서 나의 구원을 발견하게 됩니다. 예수 그리스도 안에서 자기 자신을 발견하는 사람, 즉 그분의 성육신과 십자가, 부활 속에서 자신을 발견하는 사람만이 하나님과 함께하는 것이며, 하나님께서도 그와 함께 계십니다.

이러한 사실로 인해 공예배에서 성경 읽기는 우리에게 날마다 더욱 의미 있고 유익한 일이 됩니다. 우리가 우리의 삶, 우리의 곤궁, 우리의 죄라고 일컫는 것들이 실상은 전혀 현실이 아니며, 우리의 삶과 우리의 곤궁, 우리의 죄와 우리의 구원이라고 말하는 것들은 바로 저기 성경 속에 있습니다. 하나님께서 그곳에서 우리의 삶에 역사하기를 기뻐하셨기 때문에, 우리는 오직 그곳에서 도우심과 구원을 얻게 됩니다. 오직 성경을 통해서 우리는 우리 자신의 역사를 알게 됩니다. 아브라함과 이삭과 야곱의 하나님께서 예수 그리스도의 하나님이요 아버지가 되시고, 우리의 하나님이 되십니다.

우리는 종교개혁자들처럼, 그리고 우리 선조들이 알고 이해했던 것처럼, 그렇게 성경을 다시 배우고 알아가야만 합니다. 그 일을 위해 우리는 시간과 노력을 아껴서는 안 될 것입니다. 무엇보다도 우리는 우리 자신의 구원을 위해서 성경을 배워야만 합니다. 그 외에도 이러한 요청을 아주 긴급하게 만드는 중요한 이유는 아주 많습니다. 예를 들어 우리 자신이 성경의 굳건한 기초 위에 서 있지 않다면, 어떻게 우리 개인의 행동이나 교회 활동에서 신뢰와 확신을 가질 수 있겠습니까? 우리가 가야 할 길을 결정하는 것은 우리 마음이 아니라 하나님의 말씀입니다. 그러나 오늘날 성경이 제시하는 증거의 필요성에 대해 올바로 이해하고 있는 사람이 과연 얼마나 될까요? 우리는 종종 가장 중요한 결정의 근거를 제시하기 위해 '삶에서', 그리고 '경험에서' 얻은 무수한 논증을 내세우지만, 정작 성경의 증거는 무시해 버립니다. 그런데 어쩌면 성경은 정확하게 정반대의 방향을 지시하고 있는지 어떻게 알겠습니까? 물론 성경의 증거를 불신하려는 사람이라면, 성경을 진지하게 읽지도 않고 알지도 못하며 철저하게 연구하지도 않을 것입니다. 그리고 이러한 사실은 그리 놀랄 만한 일도 아닙니다. 그러나 자립적으로 성경을 읽고 적용하는 법을 배우려 하지 않는 사람은 복음적인 그리스도인이라고 할 수 없습니다.

그뿐 아니라 우리는 다음과 같은 질문을 던질 수 있을 것입니다. 하나님의 말씀이 아니고서는, 우리가 어떻게 곤경과 시험에 빠진 그리스도인 형제를 도울 수 있겠습니까? 우리가 하는 모든 말은 금방 힘을 잃고 사라지고 말 것입니다. 그러나 "마치 새것과 옛것을 그 곳간에서 내오는 집주인"마 13:52 처럼, 하나님 말씀의 충만함으로, 즉 성경의 가르침과 경고와 위로의 부유함으로부터 말할 수 있는 사람은, 하나님의 말씀으로 마귀를 쫓아내며 형제들을 도울 수 있을 것입니다. 이제 말이 필요 없습니다. "또 어려서부터 성경을 알았나니 성경은 능히 너로 하여금 그리스도 예수 안에 있는 믿음으로 말미암아 구원에 이르는 지혜가 있게 하느니라."딤후 3:15

그러면 우리는 성경을 어떻게 읽어야 합니까? 가정 공동체에서는 각 구성원이 교대로 계속해서 성경을 읽어 내려가는 방식이 가장 바람직할 것입니다. 그렇게 하면 성경을 다른 사람에게 읽어 준다는 것이 쉽지 않은 일임을 깨닫게 될 것입니다. 아무 꾸밈없이 객관적이고 겸손한 자세를 취할수록, 성경 읽기는 더욱 내용에 충실해질 것입니다. 경험 있는 그리스도인과 새로 입문한 사람의 차이는 흔히 성경을 읽을 때 뚜렷하게 드러납니다. 사람들 앞에서 성경을 읽는 사람은 결코 자신을 성경에서 말씀하시는 분과 동일시해서는 안 된다는 것이 올바른 성경 읽기의 규칙이라 할 수 있습니다. 내가 분노를 발하는 것이 아니라, 하나님께서 성경 안에서 분노를 발하십니다. 내가 위로하는 것이 아니라, 하나님께서 성경 안에서 위로하십니다. 그리고 내가 경종을 울리는 것이 아니라, 하나님께서 성경 안에서 경종을 울리고 계십니다. 분노하고 위로하며 경고하시는 분은 분명 하나님이지만, 그렇다고 아무래도 좋다는 식으로 무덤덤하게 읽는 것이 아니라, 바로 나 자신에게 말씀하고 있음을 마음 깊이 깨달은 자로서 읽어야만 할 것입니다. 성경을 바르게 읽는 것과 잘못 읽는 것의 차이는, 나 자신을 하나님과 혼동하지 않고 아주 소박하게 하나님을 섬기느냐에 달려 있습니다. 그렇지 않으면, 나의 성경 읽기는 웅변조로 격앙되거나 감동적이고 선동적이 될 것입니다. 이 말은 듣는 이들이 하나님의 말씀이 아니라, 나 자신을 주목하게 만든다는 뜻입니다. 이것이 바로 성경을 읽을 때 쉽게 빠질 수 있는 잘못입니다.

일상적인 예를 들어 설명하자면, 성경을 읽는 이의 상황은 한 친구의 편지를 다른 사람에게 읽어 주는 것과 매우 흡사하다고 할 것입니다. 나는 분명 그 편지를 내가 쓴 것처럼 읽지는 않을 것이며, 어느 정도 거리를 두고 읽을 것입니다. 그러나 그렇다고 해서 그 편지를 나와는 아무 상관이 없는 것처럼 읽지는 않을 것이며, 개인적인 깊은 관심과 관계성 속에서 읽을 것입니다. 성경을 올바로 읽는 것은 배워서 익힐 수 있는 기술적인 문제가 아니라, 오직 나 자신의 영적 자세에 따라 성장하거나 퇴보할 수 있습니다. 경험 많은 그리스도인들이 더듬거리면서 힘들게 성경을 읽는 것이, 목사가 완전한 형식을 갖추어 읽는 것보다 훨씬 나은 경우도 있습니다. 그리스도인 가정 공동체에서는 바로 이 점에서 서로 조언하며 도움을 주는 것이 바람직합니다.

이렇게 성경을 연속적으로 읽어 나간다고 해서 매일의 말씀 묵상을 중단할 필요는 없습니다. 매일의 말씀 묵상은 기도회의 시작이나 다른 시간에 주간 말씀이나 오늘의 말씀으로 자리매김할 수 있을 것입니다. 시편 기도를 드리고 성경을 읽은 다음에는 **공동 찬송**이 이어집니다. 이 찬송은 다름 아닌 찬송하고 감사하며 간구하는 교회의 소리이기도 합니다.

시편은 거듭 "새 노래로 여호와께 노래하라"시 98:1 고 우리에게 요청하고 있습니다. 매일 아침 부르는 그리스도인의 새로운 찬송은 가정 공동체가 이른 아침에 부르는 찬양이며, 하늘과 땅 위의 모든 하나님의 교회가 부르는 새로운 노래입니다. 그리고 우리는 이 노래를 함께 부르도록 부르심 받은 자들입니다. 하나님은 하나의 유일하고 위대한 찬양을 영원 속에 준비해 두셨는데, 하나님의 교회에 들어오는 사람은 누구든지 이 찬양을 함께 부르게 됩니다. 이 찬송은 바로 세상이 창조되기 전, "그 때에 새벽 별들이 기뻐 노래하며 하나님의 아들들이 다 기뻐 소리를 질렀느니라"욥 38:7하던 그 찬송입니다. 또한 이스라엘 자손들이 홍해를 건넌 후에 부른 승리의 노래이며, 마리아가 천사의 소식을 듣고 부른 찬가입니다. 바울과 실라가 밤에 감옥에서 부른 찬양이며,행 16:25 구원을 받은 후 잔잔해진 바다에서 부른 찬양대의 노래이자, "모세의 노래, 어린 양의 노래"계 15:3입니다. 이 찬양은 또한 천상의 교회가 부르는 새로운 노래이기도 합니다. 매일 아침 지상의 교회는 한 목소리로 이 노래를 부르고, 저녁에는 이 노래를 부르며 하루를 마칩니다. 이때 찬송하는 내용은 삼위일체 하나님과 그분의 업적입니다. 땅에서 울려 퍼지는 노래는 하늘에서 울려 퍼지는 노래와는 다릅니다. 땅에서는 믿는 자들의 노래이지만, 하늘에서는 바라보는 자들의 노래이며, 땅에서는 가련한 인간의 말로 부르는 노래지만, 하늘에서는 사람이 표현할 수 없는 말로 부르는 노래입니다.고후 12:4 이 찬양은 14만 4천 명 외에는 그 누구도 배울 수 없는 새 노래이며,계 14:3 이 노래에 맞추어 **하나님의** 거문고가 연주될 것입니다.계 15:2 우리는 이 새 노래와 하나님의 거문고에 대해서 얼마나 알고 있습니까? 우리의 새 노래는 지상의 노래이며, 아침 해가 솟아오르듯 하나님의 말씀이 그 가는 길을 밝혀 주는 순례자와 예배자의 노래입니다. 우리가 지상에서 부르는 노래는 예수 그리스도 안에 있는 하나님의 계시의 말씀에 매여 있습니다. 이 노래는 하나님의 자녀로 부르심 받은 이 땅의 아이들이 부르는 소박한 노래입니다. 이 노래는 황홀감에 빠져 무아지경에서 부르는 노래가 아니라, 하나님의 계시의 말씀을 향해 고요하게 감사하며 기도하는 가운데 드려지는 노래입니다.

"너희의 마음으로 주께 노래하며 찬송하며."엡 5:19 새 노래는 무엇보다도 마음으로 불러야 합니다. 새 노래는 마음으로가 아니고서는 도무지 부를 수 없는 노래입니다. 마음이 그리스도에 의해 충만하게 채워져 있기에, 그 마음은 노래하는 것입니다. 그러므로 교회에서 부르는 모든 찬양은 영적인 것입니다. 말씀에 대한 헌신과 성도의 교제 속으로 들어가는 것,

한없는 겸손과 철저한 자기 훈련이 모든 공동 찬송의 전제가 됩니다. 마음으로 함께 찬양하지 않고 있다면, 그곳에는 단지 인간의 자기 칭송이라는 불쾌한 혼란만 있을 뿐입니다. 주님을 찬양하지 않고 있다면, 그것은 곧 자기 자신에게나 음악 자체에 영광을 돌리고 있는 것이며, 결국 그러한 노래는 우상에게 바쳐지는 노래일 뿐입니다.

"시와 찬송과 신령한 노래들로 서로 화답하며."엡 5:19 지상에서 부르는 우리의 노래는 말입니다. 하지만 그것은 노래로 부르는 **말씀**이기도 합니다. 왜 그리스도인들은 함께 모이면 찬양하는 것일까요? 우선 그 이유는 아주 간단한데, 함께 노래함으로써 같은 시간에 같은 언어로 말하며 기도할 수 있기 때문입니다. 다시 말해 말씀 안에서 하나가 될 수 있기 때문입니다. 모든 기도회와 집회에서는 찬양하는 가운데 말씀을 향하게 됩니다. 우리가 그것을 함께 말하는 대신 찬양하는 것은, 말로는 우리가 말하고자 하는 것을 도무지 표현할 수 없기 때문이며, 이로써 우리가 드리는 찬양의 대상이 모든 인간적인 말을 초월하는 분이심을 고백하는 것이기도 합니다. 그렇지만 우리는 그저 흥얼거리는 것이 아니라, 하나님에 대한 찬송과 감사, 신앙고백과 기도의 말로 노래하는 것입니다. 이렇게 음악적인 것은 전적으로 말씀을 섬기고 있습니다. 음악은 이렇게 말씀의 신비를 설명하는 역할을 합니다.

교회의 예배 찬송은 본질상 하나의 음으로 된 찬송이어야 하는데, 그 이유는 찬송이 오직 말씀에 매여 있기 때문입니다. 특히 가정교회의 예배 찬송은 더욱더 한 음으로 된 찬송이 바람직합니다. 이렇게 한 음으로 된 찬송을 부를 때, 말씀과 음색이 유일무이한 방식으로 결합합니다. 단성 찬송의 자유로이 떠도는 음색은 오직 노래로 부르는 말씀에 자신의 유일하고 본질적인 내적 근거를 두고 있습니다. 그러므로 다양한 음정으로 음악적인 뒷받침을 해주어야 할 필요가 전혀 없습니다. "오늘 우리 입을 모아 같은 마음을 품고 마음 깊은 곳에서 나오는 찬송을 드리자"라고 보헤미아 형제들은 노래했습니다. "한마음과 한 입으로 하나님 곧 우리 주 예수 그리스도의 아버지께 영광을 돌리게 하려 하노라."롬 15:6 음악을 즐기려는 불순한 동기에 물들지 않은 단성 찬양의 순수성, 말씀 외에 음악적인 것에도 독립적 권리를 부여해 주려는 불순한 욕망에 물들지 않은 명백함, 이러한 찬송의 단순함과 진지함, 인간적인 온기야말로 이 땅에서 드려지는 교회 찬송의 본질입니다. 물론 이러한 찬양은 우리의 어그러진 귀에는 다만 느리게만 느껴지고, 인내하며 배워야만 들을 수 있는 찬양입니다. 한 공동체가 올바른 단성 찬송에 이르게 될 것인지는 오직 영적인 판단력의 문제가 될 것입니다. 단성 찬송에 이르는 곳에서, 우리는 마음으로 노래하며 주님을 찬양하게 됩니다. 그곳에서 우리는 말씀으로 노래하고, 한마음으로 찬양하게 됩니다.

단성 찬송을 방해하는 적이 몇 가지 있는데, 공동체는 이러한 방해 요소들을 철저하게 제거해야 합니다. 예배 중에 찬송할 때만큼 허영심과 그릇된 취향을 그대로 행동으로 옮겨 버리는 경우도 드물 것입니다. 우선 즉흥적인 제2의 음이 있는데, 이것은 함께 모여서 노래하는 곳이라면 거의 어디서나 나타나는 현상입니다. 이러한 제2의 음은 불완전한 단성의 음색에 뭔가 부족하다고 느껴지는 부분을 채워 주기 위해 꼭 필요한 기초를 제공하려는 것이지만, 결국 말씀과 음색 모두를 죽이는 역할을 할 뿐입니다. 또한, 함께 노래 부르는 사람들에게 자신이 엄청난 음역으로, 즉 한 옥타브 낮게 부르고 있음을 상기시켜 주는 베이스나 알토도 있을 수 있습니다. 또한, 가슴으로부터 울려 나와 청중을 사로잡는 솔리스트의 목소리는 다른 모든 소리를 그의 아름다운 목청으로 무색하게 만들기도 합니다. 이러한 것보다는 덜 위험하지만, 그래도 공동 찬송을 방해하는 것이 있는데, 바로 노래를 못하는 음치들입니다. 그러나 이러한 음치들은 예상외로 그리 많지 않습니다. 마지막으로 기분이 좋지 않거나 언짢은 일이 있어서 함께 노래할 생각이 전혀 없는 사람들이 있는데, 이들도 결국은 공동체를 훼방하는 사람들입니다.

단성 찬송을 부르는 것은 이렇게 어려운 일입니다. 하지만 이것은 음악적인 문제라기보다 영적인 문제입니다. 공동체에서 각 개인이 기도회를 섬기며 훈련받을 준비가 되어 있기만 하다면, 단성 찬송이 비록 음악적으로는 부족한 면이 있더라도, 단성 찬송만이 줄 수 있는 기쁨을 우리에게 선사할 것입니다.

단성으로 찬양하는 연습을 하고자 할 때, 가장 먼저 종교개혁적 코랄을 참고해야 합니다. 그리고 보헤미아 형제들의 찬양과 고대 교회 찬송들도 고려해야 합니다. 그러면 우리는 우리가 부르는 찬송 중에서 어떤 노래가 단성으로 함께 부를 수 있는 노래이며, 또 그렇지 않은지를 자연스럽게 구별할 수 있는 판단력을 갖게 될 것입니다. 이 영역에서 오늘 우리가 흔히 접하게 되는 모든 공리공론은 철저히 잘못된 것입니다. 사실 여기에서 이루어지는 결정은 각 상황에 따라 달라질 수 있으며, 우리는 이 부분에서도 전통 파괴자가 되어서는 안 될 것입니다. 그리스도인의 가정 공동체는 가능한 한 많은 노래를 자유로이 외워서 부를 정도가 되도록 노력해야 합니다. 각 기도회 때마다 자유로이 뽑아서 부르는 찬송 외에도, 성경을 읽어 가는 사이사이에 부를 노래를 미리 정해 놓고 부르게 된다면, 가정 공동체는 이러한 목적을 이루게 될 것입니다.

우리는 기도회 시간 외에도, 하루를 보내면서 또는 한 주를 보내면서 특별한 시간을 정해 놓고 규칙적으로 찬송을 부를 필요가 있습니다. 우리가 찬양을 많이 하면 할수록, 우리의 기쁨은 더욱 커지게 됩니다. 무엇보다도 우리가 함께 모이기를 힘쓰며, 더 잘 훈련되어 더욱 즐겁게 찬양한다면, 공동 찬송을 통해 우리 공동체의 삶 전체에 임하는 축복은 더욱 풍성해질 것입니다.

함께 찬양할 때 들려지는 소리는 교회의 소리입니다.

내가 노래하는 것이 아니라, 교회가 노래하는 것입니다. 나는 교회의 지체로서 교회의 찬양에 참여하는 것입니다. 그러므로 올바르게 부른 모든 공동 찬양은 우리의 영적 시야를 넓혀 주고, 우리로 하여금 우리의 작은 공동체를 지상에 있는 거대한 기독교의 한 지체로서 인식하게 해줍니다. 또한, 우리의 찬송 실력이 부족하든 훌륭하든 아무 거리낌 없이 기쁨으로 교회가 부르는 찬송의 대열에 함께 서게 합니다.

하나님의 말씀과 교회의 찬송, 우리의 기도는 서로 떼어 생각할 수 없습니다. 그러므로 이제 우리는 **공동 기도**에 관해 이야기하고자 합니다. "너희 중의 두 사람이 땅에서 합심하여 무엇이든지 구하면 하늘에 계신 내 아버지께서 그들을 위하여 이루게 하시리라."마 18:19 기도회 순서에서 공동 기도만큼 곤란과 어려움을 일으키는 것도 없을 것입니다. 왜냐하면, 공동 기도를 할 때는 우리 자신이 말을 해야 하기 때문입니다. 우리는 하나님의 말씀을 들었고, 교회의 찬송에 함께 목소리를 모을 수 있었습니다. 그러나 이제 우리는 공동체로서 하나님께 기도해야 하며, 이 기도는 참으로 **우리의** 말이어야만 합니다. 다시 말해 이 기도는 오늘 하루를 위한 기도, 우리의 직

업이나 공동체를 위한 기도, 우리 모두의 마음을 무겁게 짓누르는 특별한 곤궁이나 죄를 들고 나아가는 기도, 우리에게 맡겨진 사람들을 위해 기도하는 **우리의** 기도입니다. 그렇지 않고, 우리는 우리 자신들을 위해서는 아무것도 구하지 말아야 하는 것은 아닐까요? 자기 입에서 나오는 자신의 말로써 공동 기도를 드리고 싶은 갈망은 허락되지 않는 것이 아닐까요? 이 모든 항변에도 불구하고, 그리스도인들이 하나님의 말씀 아래 더불어 살아가기를 원하는 곳에서, 그들은 함께 자기 자신의 말로써 하나님께 기도해야 하며 또 기도할 수 있다는 사실만큼은 어떤 상황에서도 달라질 수 없습니다. 우리는 공동의 간구와 감사, 그리고 공동의 중보기도를 하나님 앞으로 들고 나아가야 할 뿐 아니라, 무엇보다도 기쁨과 신뢰를 가지고 기도해야 합니다. 한 형제가 진지하면서도 단순하게 형제들의 공동 기도를 하나님 앞에 아뢸 때, 다른 사람 앞에서 자신의 말로 자유롭게 기도하는 것으로 인해 두려워한다거나 부끄러워하며 주저하는 일은 없어야 할 것입니다. 비록 연약한 말로 드려지는 기도일지라도 예수 그리스도의 이름으로 기도하는 곳에서는, 모든 관찰이나 비판 따위는 잠잠해지고, 또 잠잠해져야만 합니다. 사실 그리스도인의 공동생활에서 함께 기도하는 것만큼 정상적인 것도 없습니다. 기도를 순전하고 성경적으로 보존하려는 목적으로 자제하는 일이 더없이 좋고 유익하다 할지라도, 그것이 꼭 필요한 자유로운 기도 자체를 질식시켜 버리는 일은 없어야 할 것입니다. 왜냐하면, 이러한 기도야말로 예수 그리스도에게서 커다란 약속을 받은 기도이기 때문입니다.

기도회의 마지막 시간에 드리는 자유로운 기도는 그 가정의 가장이 맡는 것이 가장 바람직하며, 다른 경우라면 항상 어느 한 형제가 맡아서 기도하도록 하는 것이 가장 좋습니다. 이렇게 하는 것은 그 사람에게 예기치 못한 책임을 지우게 될 것입니다. 그러나, 잘못된 관찰이나 그릇된 주관성에서 기도를 보호하기 위해서라도, 한 형제가 장기간 지속적으로 모두를 위한 기도를 하도록 하는 것이 좋습니다.

한 개인이 공동체를 위한 기도를 드릴 수 있는 첫째 조건은, 다른 모든 지체가 기도를 맡은 그 사람과 그의 기도를 위해 중보기도하는 것입니다. 공동체가 기도 속에서 그를 지원하며 붙들어 주지 않는다면, 어떻게 한 사람이 공동체의 기도를 드리는 무거운 짐을 짊어질 수 있겠습니까? 그러므로 바로 이 자리에서 모든 비판의 말은 신실한 중보기도로 변하며, 형제 사랑에 기초한 도움으로 바뀌게 되는 것입니다. 그렇게 하지 않는다면, 공동체는 여기서 쉽게 붕괴의 위험에 처할 수 있습니다!

공동 기도회에서 드리는 자유로운 기도는 기도하는 사람의 개인기도가 아니라, 공동체의 기도여야만 합니다. 공동체를 위해 기도하는 것이 그에게 위탁된 사명입니다. 그러므로 그는 공동체의 일상생활을 함께 경험하는 사람이어야 하며, 그들의 근심과 곤궁, 그들의 기쁨과 감사, 그들의 기도와 소망을 알아야만 합니다. 그들이 하는 일이나 그들과 관련된 모든 일을 모르는 채 가만히 있어서는 안 됩니다. 그는 형제들 가운데 있는 한 형제로서 기도하는 것입니다. 그가 자기 자신의 심정과 공동체의 마음을 혼동하지 않고 공동체를 위해 기도하는 사명에 의해서만 인도받기를 원한다면, 그는 항상 자신을 검증하고 깨어 있는 자세를 가져야 합니다. 이러한 이유에서 사명을 받은 사람은 공동체로부터 끊임없이 조언과 도움을 받을 수 있고, 기도할 때에 이런저런 곤궁이나 이런저런 일들, 그리고 어느 특정한 사람을 기억해 달라는 진언이나 요청을 받을 수 있다면 좋을 것입니다. 이렇게 기도는 점점 더 모든 사람이 함께 드리는 기도가 되어 가는 것입니다.

자유로운 기도에도 일정한 내면의 질서가 있어야 합니다. 자유로운 기도란 사람의 심정에서 혼란스럽게 폭발하는 것이 아니라, 개인의 내면이 잘 정돈된 공동체의 기도입니다. 그러므로 어쩌면 여러 가지 다른 방법으로 특정 기도제목이 날마다 반복될 수도 있습니다. 우리가 공동체로서 짊어지고 있는 간구를 매일 반복하는 것이 처음에는 매우 단조롭게 느껴지겠지만, 후에는 분명 우리를 지나친 개인주의적 기도로부터 해방시켜 줄 것입니다. 날마다 반복되는 기도에 색다른 것을 추가할 수 있다면, 여러 가지 다르게 짜인 주간 계획을 작성해 보는 것도 좋을 것입니다. 만약 공동 기도회 시간에는 그것을 활용될 수 없다 해도, 분명 개인기도 시간에는 도움이 될 것입니다. 자유로운 기도가 주관성에 사로잡혀 제멋대로 드리는 기도가 되지 않게 하려면, 읽은 성경 말씀을 근거로 기도하는 것도 도움이 될 것입니다. 여기서 기도는 확실한 근거와 견고한 기초를 갖게 됩니다.

그러나 공동체를 위해 기도하도록 사명을 부여받은 사람이 도무지 그렇게 할 수 있는 마음 상태가 아닐 때가 반복해서 생길 것입니다. 그리고 그날만큼은 그의 사명을 다른 사람에게 넘겨주고 싶은 마음이 간절한 날이 있을 것입니다. 그러나 그렇게 하도록 조언할 수는 없습니다. 그랬다가는 공동체의 기도가 너무 쉽게 영적인 삶과는 아무 상관이 없는 일시적인 기분에 좌우되고 말 것이기 때문입니다. 마음이 공허하거나 너무 피곤해서, 또는 개인적인 죄책감으로 인해 자신의 사명을 벗어 버리고 싶은 그때야말로, 그는 교회에서 사명을 짊어지는 것이 무엇을 의미하는지를 배워야 합니다. 그리고 형제들은 그의 연약함과 무능함을 기도로 감당해 주어야 할 것입니다. 어쩌면 바로 그때 사도 바울의 말이 참되다는 사실이 분명하게 드러날 것입니다. "이와 같이 성령도 우리의 연약함을 도우시나니 우리는 마땅히 기도할 바를 알지 못하나 오직 성령이 말할 수 없는 탄식으로 우리를 위하여 친히 간구하시느니라."롬 8:26 그러므로 공동체가 형제의 기도를 자신의 기도로 이해하고 짊어지며 함께 기도하느냐, 그 여부에 모든 것이 달려 있다고 해도 과언이 아닙니다.

형식을 갖추어 미리 작성된 기도문을 사용하는 것이 때에 따라서는 작은 가정교회에 도움이 될 수도 있을 것입니다. 그러나 그런 기도는 종종 실제로 드려야 할 기도를 하지 않게 하는 부작용을 낳기도 합니다. 교회의 형식과 풍성한 사상으로 인해 자신이 드려야 할 기도를 쉽게 간과하게 되는 것입니다. 그러면 기도 자체는 유창하고 심오할 수 있겠지만, 참된 기도가 될 수는 없습니다. 교회에서 전승된 기도가 기도를 배우는 데 많은 도움을 주는 것이 사실이지만, 그것으로 오늘 내가 나의 하나님께 드려야 할 기도를 대신할 수는 없습니다. 여기서는 더듬거리며 드리는 형편없는 기도가 아주 훌륭한 형식을 갖춘 기도보다 더 나을 수 있음을 알아야 합니다. 공중예배의 경우는 날마다 모이는 가정 공동체와는 사정이 다르다는 사실을 굳이 이 자리에서 다룰 필요는 없을 것입니다.

그리스도인 생활 공동체 안에는 공동 기도회에서 드리는 매일의 기도 외에 특별기도 모임을 하고자 하는 갈망이 있을 수 있습니다. 여기에 무슨 특별한 규정이 있을 수는 없습니다. 그러나 모든 사람이 특별기도 모임을 원하는 때에만, 모두가 정한 기도 시간에 참여하는 것이 확실할 때에만 그런 기도 시간을 가져야 한다는 것이 원칙이라면 원칙일 것입니다. 그것이 무엇이든 모든 개별적인 행동은 어렵지 않게 공동체 안에 분열의 씨를 뿌리는 결과를 가져올 것입니다. 바로 이 부분에서 강한 자는 약한 자를 감당하며, 약한 자는 강한 자를 비판하지 않는다는 사실이 증명되어야만 합니다. 자유로운 기도모임이야말로 가장 당연하고 자연스러운 것이기에, 절대로 의혹의 눈초리로 바라보아서는 안 된다는 사실을 신약성경은 우리에게 가르쳐 주고 있습니다. 그러나 혹시라도 불신과 불안이 내재하고 있다면, 인내함으로 서로 참고 이를 감당해야 합니다. 여기에서 강제로 되는 것이란 아무것도 없으며, 모든 것이 사랑 안에서 자유롭게 이루어져야 합니다.

우리는 지금까지 기독교 생활 공동체의 아침 기도회를 살펴보았습니다. 하나님의 말씀, 교회의 찬양, 교회의 기도로 우리는 하루를 시작합니다. 공동체는 영원한 생명의 양식이 공급되어 힘을 얻은 후에야, 이 세상의 육신적인 삶을 위한 지상의 양식을 하나님으로부터 받기 위해 하나가 될 수 있습니다. 감사 기도와 함께 하나님의 축복을 구하면서 그리스도인의 가정교회는 주의 손에서 일용할 양식을 받습니다. 예수 그리스도께서 제자들과 함께 식탁에 앉아 떡을 떼신 이후로, 교회는 **식탁 교제**를 통해 주님의 임재라는 축복을 받아 누리게 되었습니다. "그들과 함께 음식 잡수실 때에 떡을 가지사 축사하시고 떼어 그들에게 주시니 그들의 눈이 밝아져 그인 줄 알아 보더니 예수는 그들에게 보이지 아니하시는지라."눅 24:30-31 성경은 제자들과 함께하신 예수님의 식탁 교제에는 세 가지 종류가 있다고 말합니다. 즉 매일의 식탁 교제, 거룩한 성찬, 그리고 하나님 나라에서의 궁극적인 식탁 교제가 바로 그것입니다. 그러나 이 세 가지 종류의 식탁 교제는 모두 다음 말씀에서 하나가 됩니다. 그 말씀은 "그때 저희 눈이 밝아져 그인 줄 알아보았다"는 것입니다. 떡을 떼면서 예수 그리스도를 알아본다는 말씀은 무슨 뜻입니까? **첫째**, 예수님은 모든 선물을 주시는 분이며, 아버지와 성령과 함께 이 세상의 주님이요 창조자이심을 인식하는 것을 의미합니다. 그러므로 식탁 공동체는 "'당신'께서 우리에게 선사하신 것을 축복하소서"라고 기도하면서 예수 그리스도의 영원한 신성에 대한 신앙을 고백하는 것입니다.

둘째, 공동체는 지상의 모든 선물이 그리스도로 인하여 그들에게 주어졌다고 믿는 것입니다. 이는 온 세상이 오직 예수 그리스도로 말미암아, 그분의 말씀과 그분의 메시지로 인하여 보존되는 것이라고 믿는 것과도 같습니다. 예수님은 참된 생명의 양식입니다. 예수님은 선물을 주시는 분일 뿐 아니라, 지상의 모든 선물이 그분으로 말미암아 존재하는 선물 그 자체이십니다. 오직 예수 그리스도에 관한 말씀이 전파되어 그분에 대한 믿음이 생기도록 해야 하며, 우리의 믿음은 아직 완성된 것이 아니기에, 하나님께서는 인내하시며 그분의 좋은 은사들로 우리를 붙들어 주십니다. 그러므로 그리스도인의 식탁 공동체는 마르틴 루터와 더불어 다음과 같이 기도하게 됩니다. "주 하나님, 하늘에 계신 사랑하는 아버지, 우리를 축복하소서. 그리고 우리에 대한 당신의 따스한 자비로 인해 **우리 주 예수 그리스도**를 통해 우리에게 주어지는 이 선물들을 축복하소서. 아멘." 이로써 공동체는 예수 그리스도가 거룩한 중보자요, 구주이심을 고백하는 것입니다.

셋째, 예수님의 교회는 그들이 구하기만 하면 주님이 기꺼이 함께하고자 하신다는 사실을 믿습니다. 그래서 그들은 "주 예수님, 오셔서 우리의 손님이 되어 주소서"라고 기도하는 것입니다. 그리고 공동체는 이렇게 기도함으로써 예수 그리스도께서 항상 은혜로 함께하심을 고백하고 있습니다. 모든 식탁 교제는 그리스도인들로 하여금 그들과 함께하시는 주 하나님 예수 그리스도에 대한 감사로 충만하게 합니다. 그러나 이 말이 모든 물질적인 선물을 건전하지 않고 병적일 정도로 영적으로만 해석하라는 것은 아닙니다. 오히려 그리스도인들은 육신의 삶을 위한 선한 은사들로 인해 기쁨이 충만해집니다. 그리고 참으로 온갖 좋은 은사를 주시는 분은 오직 주님이심을 고백하게 됩니다. 그뿐 아니라 참된 생명의 양식인 그분 자체를 진정한 선물로 인식하며, 궁극적으로 그들을 하나님 나라에서 열리는 기쁨의 잔치에 초청하여 주시는 분으로 인식합니다. 이와 같이 매일의 식탁 교제는 특별한 방식으로 그리스도인을 주님과 연결해 줍니다. 식탁에서 그들은 떡을 떼어 주는 분이 주님이시며, 그들의 믿음의 눈을 열어 주는 분이심을 알게 됩니다.

그러므로 식탁 교제는 마치 축제와도 같습니다. 식탁 교제는 일상의 노동 한가운데서, 창조 사역 후 안식하셨던 하나님을 거듭 기억하게 합니다. 그리고 한 주간의 노고의 의미와 그 목적이 되는 안식일을 회상하도록 해줍니다. 우리의 삶은 고달픈 노동만으로 이루어져 있지 않으며, 영혼을 소성시켜 주시는 하나님의 자비로우심으로 인한 기쁨도 있습니다. 우리가 일하는 것이지만, 하나님께서 우리를 먹이시며 붙들고 계신 것입니다. 바로 여기에 축제의 이유가 있습니다. "수고의 떡을 먹음이 헛되도다",시 127:2 "기쁨으로 네 음식물을 먹고 즐거운 마음으로 네 포도주를 마실지어다."전 9:7 전도자는 "이에 내가 희락을 찬양하노니 이는 사람이 먹고 마시고 즐거워하는 것보다 더 나은 것이 해 아래에는 없음이라"전 8:15고 말합니다. 그러나 주님이 없다면, 과연 누가 기쁘게 먹고 희락을 누리며 살 수 있겠습니까?전 2:25 모세와 아론을 따라 시내 산으로 올라갔던 70명의 이스라엘 장로들에 관해서 성경은 이렇게 말합니다. "그들은 하나님을 뵙고 먹고 마셨더라."출 24:11 하나님은 우리가 축제를 즐기지 못하고 한숨을 쉬면서 떡을 먹는다든지, 굉장히 바쁘기라도 한 것처럼 허겁지겁 먹는 모습, 또는 수치심을 느끼면서 먹는 모습을 도저히 견딜 수 없어 하실 것입니다. 하나님은 매일 식사 때마다, 우리를 하루의 노고 한가운데서 기쁨과 축제로 불러 주십니다.

또한, 그리스도인의 식탁 교제는 의무를 뜻합니다. 우리가 먹는 것은 **우리의** 일용할 양식이지, 나 혼자만의 일용할 양식이 아닙니다. 우리는 우리의 떡을 나누는 것입니다. 그러므로 우리는 영으로만 아니라, 육신의 몸을 가진 존재로서도 서로 확고하게 결합되어 있습니다. 우리의 공동체에 선사된 **하나의** 떡이 굳건한 계약으로서 우리를 하나로 묶어 줍니다. 어느 한 사람이 떡을 가지고 있는 한, 아무도 굶주려서는 안 됩니다. 그리고 이러한 육신적 삶의 교제를 깨뜨리는 사람은, 동시에 영의 교제도 깨뜨리는 결과를 가져옵니다. 영과 육은 결코 분리될 수 없는 밀접한 관계를 맺고 있습니다. "또 주린 자에게 네 양식을 나누어 주며",사 58:7 "배고픈 사람을 서럽게 하지 말고."집회 4:2 왜냐하면, 주님은 굶주린 자의 모습으로 우리를 만나고 계시기 때문입니다.마 25:37 "만일 형제나 자매가 헐벗고 일용할 양식이 없는데 너희 중에 누구든지 그에게 이르되 평안히 가라, 덥게 하라, 배부르게 하라 하며 그 몸에 쓸 것을 주지 아니하면 무슨 유익이 있으리요."약 2:15-16 우리가 함께 나누어 먹는다면, 얼마 안 되는 것을 가지고도 먹고 남을 것입니다. 자기 떡을 자신만을 위해 움켜쥐기 시작하면, 바로 그곳에 굶는 사람이 생기기 마련입니다. 이것이 바로 하나님의 기이한 법입니다. 물고기 두 마리와 떡 다섯 개로 오천 명을 먹이신 기적 이야기[마 14:13-21]가 가르쳐 주는 교훈에는 이러한 뜻도 포함되어 있지 않을까요?

또한, 식탁 교제는 그리스도인들에게 그들이 이곳 지상에서는 여전히 덧없이 지나갈 방랑의 떡을 먹고 있다는 사실을 가르쳐 줍니다. 그러나 그들이 이 떡을 서로 나누어 먹는다면, 언젠가 아버지의 집에서 받게 될 영원한 떡도 함께 누리게 될 것입니다. "무릇 하나님의 나라에서 떡을 먹는 자는 복되도다 하니."[눅 14:15]

하루를 여는 아침 시간이 지난 후, 그리스도인의 하루는 저녁이 되기까지 **노동**하는 시간입니다. "사람은 나와서 일하며 저녁까지 수고하는도다."[시 104:23] 대부분의 그리스도인 가정은 긴 노동 시간으로 인해 온종일 서로 떨어져서 생활합니다. 기도와 노동은 서로 다른 두 가지의 일입니다. 기도가 노동을 방해해서도 안 되지만, 노동이 기도를 방해해서도 안 됩니다. 하나님의 뜻은 사람이 엿새 동안 일하고, 이레 되는 날 하나님 앞에서 일을 쉬고 안식하는 것입니다. 하나님의 뜻에 따라, 그리스도인의 하루는 기도와 노동이라는 이중적인 일로 특징지어져 있습니다. 기도 역시 시간이 필요하기는 하지만, 하루의 긴 시간은 노동하는 시간입니다. 기도와 노동이 제각기 자신의 고유한 권리를 확보하는 곳에서만, 기도와 노동이 끝없이 영구히 서로에게 속해 있다는 사실이 분명해집니다. 하루의 수고와 노동이 없다면 기도를 기도라 할 수 없고, 또한 기도가 없다면 노동을 노동이라 할 수 없습니다. 오직 그리스도인만이 이 사실을 알고 있습니다. 그리고 바로 기도와 노동의 명백한 구별 속에서, 그 둘이 하나임이 드러납니다.

노동은 사람을 사물의 세계 속에 세웁니다. 노동은 사람에게 행위를 요구합니다. 그리스도인은 형제들끼리 만나는 곳에서 나와서 비인격적인 사물의 세계, '그것'Es의 세계로 들어서게 됩니다. 그리고 이러한 새로운 만남이 그에게 객관성을 갖게 합니다. 왜냐하면, 그것의 세계는 그리스도인의 모든 자기중심성과 이기주의를 정화하기 위해 하나님의 손에 들려진 도구이기 때문입니다. 세상 속에서 하는 일은 오직 인간이 자기 자신을 완전히 잊어버리고, 사실과 현실에 몰입하고, 과제와 그것에 몰두할 때에야 비로소 완성됩니다. 그리스도인은 노동을 통해 자기 스스로를 주어진 책무에 의해 제한하는 법을 터득하게 됩니다. 그리하여 노동은 육체의 안일과 게으름을 극복하게 하는 구원의 수단이 됩니다. 육체가 요구하는 것들은 사물의 세계에서 죽어 버립니다. 그러나 이러한 일은 오직 그리스도인이 '그것'의 세계를 돌파하여, 그들에게 노동과 행동을 명하신 하나님, 이를 통해 자기 자신으로부터 자유롭게 하시는 하나님의 '너'Du에 도달할 때에만 이루어질 수 있습니다. 이로 인해 노동이 노동이라는 사실이 달라지는 것은 아닙니다. 오히려 노동의 혹독함과 괴로움을 뼈저리게 맛본 사람만이 그러한 노동이 주는 유익이 무엇인지를 알 수 있습니다. '그것'과의 지속적인 대결은 변함없이 존재합니다. 그러나 그 속에서 돌파가 이루어지고, 기도와 노동의 통일, 즉 하루의 통일이 실현됩니다. 왜냐하면, 하루의 노동이라는 '그것'의 배후에서 하나님의 '너'를 발견하는 것을 바울은 "쉬지 말고 기도하라"살전 5:17는 말로 표현하고 있기 때문입니다. 그리스도인의 기도는 정해진 기도의 시간을 넘어서서 노동 한가운데로 뚫고 들어갑니다. 기도는 하루 전체를 포괄하지만, 그렇다고 해서 기도가 노동을 중단시키는 것은 아닙니다. 오히려 기도는 노동을 장려하고 긍정하며 노동에 진지함과 즐거움을 더해 줍니다. 그리하여 그리스도인의 말과 행동, 노동은 모두 기도가 되는 것입니다. 이것은 자신에게 주어진 과제를 회피하는 비실제적인 의미에서가 아니라, 혹독한 '그것'을 실제로 돌파하여 은혜로우신 하나님의 '너'에 이른다는 의미에서 그렇습니다. "또 무엇을 하든지 말에나 일에나 다 주 예수의 이름으로 하고."골 3:17

이렇게 하루의 조화가 이루어질 때, 하루의 모든 생활에 질서와 규율이 생깁니다. 하루 생활의 질서는 아침 기도에서 구하고 찾아지며, 일하는 동안 아침 기도의 소중함이 증명됩니다. 이른 아침 기도가 그날 하루를 결정합니다. 우리를 부끄럽게 하는 허비해 버린 시간, 우리가 걸려 넘어지는 유혹, 일하면서 용기를 잃고 무력해지는 것, 우리의 생각이 혼란스럽거나 다른 사람들을 대하는 태도가 올바르지 못한 것은, 대부분 아침 기도를 소홀히 하는 데서 그 원인을 찾을 수 있습니다. 기도로 움직여질 때, 우리는 시간을 질서 있게 나누어 유용하게 쓸 수 있습니다. 분주한 일상생활로 인해 생기는 유혹과 시험은 하나님을 향한 돌파를 통해 극복됩니다. 일할 때 요구되는 결단은, 사람을 두려워하지 않고 오직 하나님과 대면하여 결정할 때 훨씬 간단하고 쉬워집니다. "무슨 일을 하든지 마음을 다하여 주께 하듯 하고 사람에게 하듯 하지 말라." 골 3:23 기계를 다루는 일마저도 하나님을 알고 그분의 명령에 기초해서 일할 때, 더욱 끈기 있게 잘 감당할 수 있습니다. 오늘 우리가 일하는 데 필요한 힘을 하나님께 구하고 기도한다면, 일할 수 있는 강건함이 더욱더 풍성하게 주어질 것입니다.

점심시간은 그리스도인이 가정 공동체에서 보내는 하루의 시간 중에 짧은 휴식 시간이 될 수 있습니다. 반나절은 이미 지나갔습니다. 공동체는 하나님께 감사하며, 저녁때까지 지켜 주시도록 기도합니다. 공동체는 일용할 양식을 받으며, 종교개혁자들의 찬송으로 기도합니다. "아버지여, 당신의 자녀인 우리에게 먹을 양식을 주시고, 근심에 싸인 죄인들을 위로해 주소서." Johann Heermann, 요한 헤르만 하나님은 반드시 우리에게 필요한 양식을 주십니다. 그러나 우리는 그것이 우리의 당연한 권리인 것처럼 주장할 수 없고, 그렇게 해서도 안 됩니다. 왜냐하면, 가련한 죄인인 우리는 그럴 자격이 없기 때문입니다. 그러므로 하나님께서 우리에게 선사하시는 식탁은 근심에 눌린 사람들에게 위로가 됩니다. 왜냐하면, 그것은 하나님이 그분의 자녀를 건사하고 인도하신다는 신실한 은혜의 증표이기 때문입니다. "누구든지 일하기 싫어하거든 먹지도 말게 하라."살후 3:10 성경에는 분명히 이렇게 기록되어 있으며, 양식을 받는 것을 분명하게 노동하는 것과 연관시키고 있습니다. 그러나 성경은 일하는 사람이 하나님 앞에서 당연히 양식을 먹을 권리를 주장할 수 있다고는 말하지 않습니다. 분명히 노동을 명하셨지만, 양식은 하나님의 자유로운 은혜의 선물입니다. 우리의 노동이 양식을 마련해 준다는 것은 자명한 것이 아니며, 하나님의 은총의 질서입니다. 하루는 오직 주님께 속한 것입니다. 그러므로 하루의 중간에 그리스도인 공동체는 함께 모이며, 하나님께서 초대하시는 식탁에 둘러앉습니다. 점심시간은 교회와 시편 기자들이 드리는 일곱 번의 기도 시간 중 하나이기도 합니다. 해가 중천에 높이 솟아오를 때 교회는 주님의 놀라운 기적을 찬양하고, 주님의 도우심과 신속한 구원을 위해 기도하며 삼위일체 하나님을 부릅니다. 정오 무렵, 예수님의 십자가 위로 하늘이 빛을 잃고 캄캄해졌습니다. 그 시간에 속죄의 역사는 완성을 향해 나아갔습니다. 그리스도인 가정 공동체가 이 시간에 잠깐이라도 찬양과 기도로 함께하는 시간을 가질 수 있다면, 그것은 결코 헛되지 않습니다.

하루의 일과가 끝났습니다. 일이 너무 고되고 힘들었다면, 그리스도인은 파울 게르하르트Paul Gerhardt가 다음과 같이 노래한 뜻을 이해할 수 있을 것입니다.

> 머리와 손과 발아,
>
> 하루의 일이 끝났으니
>
> 기뻐하라. 즐거워하라.
>
> 하루의 일은 끝났다.
>
> 너 마음아, 즐거워하라.
>
> 너는 이 땅의 곤고함과 죄의 노동에서 풀려나리라.

신앙을 지키기에 하루는 너무 길며, 내일은 내일대로 걱정거리가 있을 것입니다.

그리스도인 가정 공동체는 다시 모입니다. 저녁의 식탁 교제와 마지막 기도회가 그들을 하나로 묶어 줍니다. 그들은 엠마오의 제자들이 주님께 요청했듯이 주께 청합니다. "그들이 강권하여 이르되 우리와 함께 유하사이다. 때가 저물어 가고 날이 이미 기울었나이다."눅 24:29 하루의 마지막 시간에 저녁 기도회를 할 수 있고, 잠자리에 들기에 앞서 말씀을 듣는 것은 참으로 좋은 일입니다. 밤의 어둠이 드리워질 때, 공동체 안에는 거룩한 말씀의 참 빛이 더욱 밝게 빛납니다. 공동체는 하루의 시작이 그러했듯, 시편 기도와 성경 읽기, 찬양과 공동의 기도로 하루를 마치게 됩니다. 여기서 저녁 기도에 대해 몇 가지 할 말이 있습니다. 저녁 기도의 자리는 특별히 공동의 중보기도를 위한 자리라는 것입니다. 하루의 노동이 끝난 후, 우리는 우주적인 교회와 우리가 몸담은 지역 교회, 직분을 맡은 목회자, 모든 가난한 사람들, 불쌍한 사람들, 외로운 사람들, 병든 사람들, 죽음을 앞둔 사람들, 우리의 이웃들, 우리의 고향과 우리의 공동체를 위해 하나님께서 지켜주시고 축복과 평화를 내려 주시도록 간구해야 합니다. 우리가 일손을 멈추고 우리 자신을 온전히 신실하신 하나님의 손에 내어 맡기는 시간보다, 하나님의 능력과 역사하심을 더 깊이 느낄 수 있는 시간이 또 있을까요? 우리가 하던 모든 일이 끝난 그때보다, 하나님의 축복과 평화, 보호하심을 더욱 간절하게 찾으며 기도할 준비가 되어 있는 시간이 또 있을까요? 우리가 피곤하여 지쳐 있는 시간에, 하나님께서는 친히 그분의 일을 행하십니다. "이스라엘을 지키시는 이는 졸지도 아니하시고 주무시지도 아니하시리로다."시 121:4

특별히 그리스도인 가정 공동체의 저녁 기도에는 우리가 하나님과 형제들에게 행한 모든 불의를 용서해 달라는 기도가 빠져서는 안 될 것입니다. 즉 하나님의 용서와 형제들의 용서를 구하는 동시에, 우리가 당한 모든 부당한 일들을 기꺼이 용서할 수 있는 마음을 달라고 기도해야 합니다. 수도원에는 오래된 관례가 하나 있습니다. 이 관례에 의하면, 수도원장은 저녁 기도회 시간에 정해진 순서에 따라 형제들에게 자신이 범한 실수와 잘못을 용서해 달라고 청합니다. 그리고 형제들도 수도원장에게 용서의 말을 한 후에는, 수도원장에게 똑같이 그들의 실수와 잘못을 용서해 달라고 청하며 그의 용서를 받는 것입니다. "해가 지도록 분을 품지 말고."엡 4:26 그날 하루 동안 생긴 모든 상처는 그날 저녁까지는 치유되어야 한다는 것이 모든 그리스도인 공동체를 위한 결정적인 규칙입니다. 맺힌 마음을 풀지 않고 잠자리에 드는 것은 그리스도인을 위험에 빠뜨리는 올무가 됩니다. 따라서 형제의 용서를 구하는 시간을 매일 저녁 기도회에 포함하는 것이 새로운 공동체 건설과 화해를 위해 바람직할 것입니다.

마지막으로, 이전 시대의 모든 저녁 기도문들을 살펴보면 밤에 악마와 두려움, 그리고 갑자기 찾아오는 불행한 죽음에서 자신을 지켜달라는 간구들이 많이 나타난다는 사실을 알 수 있습니다. 옛날 사람들은 잠든 인간의 무력함, 잠과 죽음의 유사성, 무방비 상태 속에 있는 인간을 타락시키는 악마의 술수를 알고 있었습니다. 그래서 그들은 사탄이 우리를 지배하려 할 때, 거룩한 천사들이 황금 무기를 들고 도와주실 것을, 즉 하나님의 군대가 함께하여 주시도록 간구했습니다. 우리가 잠들어 있는 동안에도, 우리의 마음이 하나님을 향해 깨어 있기를 간구했던 고대 교회의 기도는 가장 기이하고 깊이 있는 기도라 할 수 있습니다. 이 기도는 우리가 아무것도 느끼지 못하고 알지 못하는 순간에도, 하나님께서 우리 곁에 계시며 우리 안에 계시기를 간구하는 기도입니다. 이 기도는 하나님께서 모든 염려와 밤의 유혹으로부터 우리의 마음을 순결하고 거룩하게 지켜 주시기를 간구하는 기도입니다. 이 기도는 언제든 하나님의 부르심을 들으면, 소년 사무엘처럼 밤에라도 응답할 수 있기를 간구하는 기도입니다. "말씀하옵소서. 주의 종이 듣겠나이다."삼상 3:10 잠자는 중에도 우리는 하나님의 손에 붙들려 있을 수 있고, 또 악의 손아귀에 빠져들어 갈 수 있습니다. 우리가 잠들어 있는 동안에도 하나님께서는 우리에게 기적을 행하실 수 있으며, 반대로 악이 우리를 파괴하고 짓밟을 수 있습니다. 그러므로 우리는 저녁에 기도합니다.

> 우리의 눈은 잠들었으나,
> 우리의 마음은 당신을 향해 깨어 있게 하소서.
> 하나님의 오른손이 우리를 두르시고,
> 우리를 죄의 사슬에서 풀어 주소서.
>
> — 마르틴 루터

아침과 저녁에 다음의 시편 말씀이 주어집니다. "낮도 주의 것이요 밤도 주의 것이라."시 74:16

3.

홀로 있는
날

"하나님이여, 찬송이 시온에서 주를 기다리오며"

— 시편 65:1

많은 사람이 고독이 무서워서 공동체를 찾습니다. 그들은 더는 홀로 있을 수 없으므로, 사람들 속에 있으려는 것입니다. 그리스도인 중에도 혼자서 자기 문제를 해결할 수 없거나 자기 자신에 대해 좋지 않은 경험을 했던 사람들이, 다른 사람들과의 교제를 통해 도움을 얻기를 바라며 공동체를 찾는 경우가 있습니다. 그러나 대개 실망을 맛보며, 그 후에는 자신의 잘못이 마치 공동체의 잘못인 양 비난의 화살을 퍼붓습니다. 그리스도인 공동체는 정신 요양소가 아닙니다. 자기 도피의 길로 공동체를 찾는 사람은, 공동체를 잡담이나 하고 기분을 전환하는 곳으로 왜곡시켜 버리고 맙니다. 이렇게 잡담하며 기분을 전환하는 것이 외관상 영적인 모습을 띨 수도 있습니다. 그러나 그 사람은 공동체를 찾은 것이 아니라, 잠시 고독을 잊게 해주지만 나중에는 더욱 치명적인 고독감을 안겨 줄 뿐인 환각 상태를 찾은 것입니다. 이러한 방식으로 치유를 시도한 결과는 말씀과 모든 참된 체험을 해체하고, 종국에는 체념하며 영적인 죽음에 이르게 되는 것입니다.

홀로 있을 수 없는 사람은 공동체를 주의해야 합니다. 이런 사람은 자기 자신과 공동체에 해를 끼칠 뿐입니다. 하나님이 여러분을 부르실 때, 여러분은 홀로 그분 앞에 서야 하며, 홀로 그 부르심에 순종해야 합니다. 여러분은 홀로 여러분의 십자가를 져야 하며, 홀로 영적인 싸움을 싸우고 기도해야 합니다. 그리고 여러분은 홀로 죽음을 맞이하게 될 것이며, 홀로 하나님 앞에서 여러분 인생을 결산해야 할 것입니다. 여러분은 여러분 자신을 회피할 수 없습니다. 왜냐하면, 하나님께서 친히 여러분을 구별하셨기 때문입니다. 그러므로 여러분이 홀로 있기를 원치 않는다면, 여러분은 여러분을 향한 그리스도의 부르심을 거절하는 것입니다. 따라서 부르심을 받은 공동체에 참여할 수 없습니다. "언젠가는 우리 모두에게 죽음이 찾아올 것이며, 아무도 다른 사람을 대신해서 죽을 수 없다. 저마다 자기 자신 안에서 외롭게 죽음과 대면하여 씨름해야 한다.……그 시간에 나는 여러분 곁에 있을 수 없고, 여러분도 내 곁에 있을 수 없다."마르틴 루터 그러나 반대로 다음 문장도 유효합니다.

성도의 교제 속에 있지 않은 사람은 홀로 있는 것을 경계해야 합니다. 여러분은 교회 안에서 부르심을 받았습니다. 그 부르심은 여러분에게만 해당하는 것이 아니며, 여러분은 부르심 받은 사람들의 교회 안에서 여러분의 십자가를 지고 영적인 싸움을 싸우며 기도하는 것입니다. 여러분은 홀로 있는 것이 아니며, 심지어 죽음의 순간에도 그리고 심판의 날에도 여러분은 오직 예수 그리스도의 우주적인 교회의 한 지체로서 존재하는 것입니다. 여러분이 형제와 나누는 성도의 교제를 무시한다면, 여러분은 예수 그리스도의 부르심도 거절하는 것입니다. 그리하여 홀로 있음은 여러분에게 불행만을 초래할 것입니다. "내가 죽을 상황에 처해 있을지라도 나는 사망 속에 홀로 있는 것이 아니며, 내가 고난을 당할 때 교회도 나와 함께 고난을 겪는다."마르틴 루터

우리는 성도의 교제 안에 거할 때만 홀로 있을 수 있으며, 홀로 있을 수 있는 사람만이 성도의 교제를 이루며 살아갈

수 있습니다. 이 둘은 결코 분리될 수 없습니다. 오직 성도의 교제 안에서 우리는 진정으로 홀로 있는 법을 배우며, 홀로 있음을 통해서만 우리는 진정으로 성도의 교제 속에 거하는 법을 배울 수 있습니다. 어느 하나가 다른 하나에 선행하는 것이 아니라, 양자는 예수 그리스도의 부르심과 함께 동시에 시작됩니다.

이 둘 중 한쪽만을 취하는 것은 깊은 낭떠러지 위에 서게 되는 위험을 초래하는 것입니다. 홀로 있음 없이 성도의 교제를 원하는 사람은 말과 감정의 공허함 속으로 빠져 들어갈 것입니다. 성도의 교제 없이 홀로 있기를 추구하는 사람은 허영심과 자기 탐닉, 절망의 수렁에 빠져 허우적거리다가 죽을 수밖에 없을 것입니다.

홀로 있을 수 없는 사람은 성도의 교제를 경계해야 하며, 성도의 교제 안에 있지 않은 사람은 홀로 있음을 경계해야 합니다.

그리스도인 가정 공동체의 함께하는 날에는 각 개인의 홀로 있는 날이 동반되어야 합니다. 반드시 그렇게 되어야 합니다. 홀로 있는 날 없이 함께하는 날만을 가지는 것은, 공동체와 각 개인에게 아무 유익이 없습니다.

성도의 교제의 특징이 '말'이라면, 고독의 특징은 '침묵'입니다. 침묵과 말은 홀로 있음과 성도의 교제와 마찬가지로 다르면서도 내적으로 연합되어 있습니다. 어느 한쪽도 다른 한쪽 없이는 존재할 수 없습니다. 올바른 말은 침묵에서 나오며, 올바른 침묵은 말에서 나옵니다.

말이 잡담이 아닌 것처럼, 침묵은 무언無言이 아닙니다. 무언이 고독에 이르도록 하는 것이 아니며, 잡담이 성도의 교제를 이루게 하는 것도 아닙니다. "침묵은 말이 흘러넘쳐 취한 상태가 되는 것이며, 말의 희생 제물이다. 단지 말만 없을 뿐 제물로 바쳐지지 않은 것은 세속적이다.……사가랴는 침묵한 것이 아니라 벙어리가 되었다. 그가 하나님의 계시를 영접하였다면, 아마도 그는 벙어리가 되지 않고 침묵하면서 성전에서 나왔을 것이다."Ernest Hello, 에흐네 엘로 성도의 교제에 다시금 근거를 제시하고 든든하게 결속시켜 주는 말씀은 침묵을 동반합니다. "잠잠할 때가 있고 말할 때가 있으며……."전 3:7 그리스도인의 하루에는 말을 위한 시간이 정해져 있습니다. 즉 공동기도회와 기도시간이 특별히 말을 위한 시간에 속합니다. 이와 같이 그리스도인의 하루에는 말씀 아래서, 그리고 말씀으로 인해 침묵하는 특정한 시간도 필요합니다. 이러한 시간은 무엇보다도 말씀을 듣기 전이나 말씀을 들은 후의 시간이 될 것입니다. 말씀은 소란스럽게 떠드는 사람들에게가 아니라, 조용히 침묵하는 사람들에게 들리는 것입니다. 그러므로 성전의 고요함은 말씀 안에 거하시는 하나님의 거룩한 임재하심의 표지입니다.

분명 침묵에 대한 무관심이 있습니다. 아니, 침묵하면서 말씀 속에 담긴 하나님의 계시를 바라보는 것을 멸시하는 침묵에 대한 거부감이 있습니다. 여기서 침묵은 엄숙한 표정을 짓는 것인 양 오해받는데, 그것은 신비주의적으로 말씀을 넘어서려는 것이라 보는 오해입니다. 이러한 오해는, 침묵이 말씀에 대한 본질적인 관계 속에서 이해되지 못한 결과입니다. 즉 모든 개인이 하나님의 말씀 아래서 아무 꾸밈없이 잠잠해지는 것이 침묵이라는 사실을 인식하지 못하는 것입니다. 우리는 말씀을 듣기 전에 침묵하는데, 그 이유는 우리의 생각이 이미 말씀을 향하고 있기 때문입니다. 이것은 어린아이가 아버지의 방에 들어갈 때 잠잠히 하는 것과 같은 이치입니다.

우리는 말씀을 들은 후에도 침묵하는데, 그 이유는 말씀이 여전히 우리 안에서 말씀하고 있으며, 그 말씀이 살아서 우리 속에 거할 거처를 마련하고 있기 때문입니다. 우리는 하루의 이른 아침 시간에 침묵하는데, 그 이유는 하나님께서 첫 말씀을 하시도록 해야 하기 때문입니다. 우리가 잠자리에 들기 전에 침묵하는 이유는 마지막 말씀도 하나님께 속한 것이기 때문입니다. 우리가 침묵하는 이유는 오직 말씀 때문입니다. 그것은 말씀을 욕되게 하기 위함이 아니라, 말씀에 진정한 영광을 돌리며 말씀을 영접하기 위해서입니다. 침묵이란 결국 하나님의 말씀을 기다리는 것이며, 하나님의 말씀으로 축복을 받은 후 그 자리를 떠나는 것입니다. 잡담이 판치는 이 시대에 침묵을 배우는 것이 필요하다는 사실을 모르는 사람은 없을 것입니다. 그러나 진정으로 침묵하게 하고 잠잠히 입을 다물 수 있게 하는 것은, 오직 영적인 침묵의 온당한 귀결일 뿐입니다.

말씀 앞에서의 침묵은 온종일 영향을 미칩니다. 우리가 말씀 앞에서 침묵하는 법을 터득했다면, 침묵과 말로 하루를 살아가는 법도 배우게 될 것입니다. 침묵 가운데는 용납될 수 없는 침묵, 즉 제멋에 겨워 교만하고 눈에 거슬리는 침묵도 있습니다. 이미 여기에서 침묵 자체가 결코 목적이 될 수 없다는 사실이 잘 드러납니다. 그리스도인의 침묵은 듣는 침묵이며, 겸손으로 인해 언제든 깨어질 수 있는 겸손한 침묵입니다. 그것은 말씀에 매인 침묵입니다. 바로 이러한 사실을 토마스 아 켐피스Thomas a Kempis는 다음과 같이 표현하였습니다. "즐겨 침묵하는 자보다 더 확신 있게 말할 수 있는 사람은 없습니다." 잠잠히 침묵하는 것에는 투명해지고 정화되며 본질적인 것에 집중하게 하는 놀라운 힘이 있습니다. 그것은 이미 세상에서도 순전한 진리로 받아들여지고 있습니다. 말씀 앞에서의 침묵은 우리로 하여금 올바로 들을 수 있게 합니다. 그리하여 하나님의 말씀을 때에 맞게 적절한 말로 말하게 하며, 또한 불필요한 말들은 하지 않게 합니다. 사실 본질적이며 도움이 되는 말은 몇 마디 말만으로도 충분할 수 있습니다.

한 가정 공동체가 비좁은 공간에서 함께 생활하는 경우, 외적으로는 각 개인이 고요한 시간을 가지는 것이 가능하지 않은 경우가 있는데, 그때에는 절대적으로 침묵의 시간을 정해 놓을 필요가 있습니다. 왜냐하면, 침묵의 시간이 지난 후에는 다른 가족을 조금 전과는 다른 새로운 마음으로 대할 수 있기 때문입니다. 대부분의 가정 공동체는 이러한 면에서 분명한 규율을 정해 둘 때만, 각 개인이 홀로 있을 수 있는 시간을 확보하게 될 것입니다. 그리고 이를 통해 공동체가 손상되는 것을 막을 수도 있을 것입니다.

이 책에서는 홀로 있음과 침묵을 통해 그리스도인이 맺게 되는 많은 열매와 놀라운 성장에 대해서는 말하지 않으려고 합니다. 이곳에서 사람들이 너무 쉽게 위험한 곁길로 빠져들어가게 되고, 침묵으로 인해 생기는 상당수의 어두운 경험들을 나열하도록 만들기 때문입니다. 침묵은 황야가 될 수도 있고, 공포를 불러일으키는 두려운 광야가 될 수도 있습니다. 그뿐만 아니라 침묵은 자기기만의 낙원이 될 수도 있는데, 그 어느 쪽도 좋은 것이 못됩니다. 그러므로 우리는 침묵으로부터 하나님 말씀과의 소박한 만남 외에 다른 어떤 것을 기대해서는 안 됩니다. 그리스도인은 하나님의 말씀을 위해 침묵의 자리로 나아가는 것입니다. 그리고 말씀과의 만남은 그에게 선물로 주어지는 것입니다. 그리스도인은 이 만남에 대해 자신이 가진 기대와 소망이 어떤 것인지 조건을 두지 말아야 하며, 오직 그에게 주어지는 그대로 이 만남을 받아들여야 합니다. 그러면 그의 침묵은 풍성한 보상으로 채워질 것입니다.

그리스도인의 하루에 홀로 있는 시간이 꼭 필요한 까닭은 다음 세 가지 이유에서입니다. **성경 묵상**Schriftbetrachtung과 **기도**,Gebet **중보기도**Fürbitte가 그것입니다. 세 가지 모두 매일의 **묵상 시간**Meditationszeit에 빠져서는 안 됩니다. 묵상이라는 말을 지나치게 의식할 필요는 없습니다. 우리가 여기서 사용하는 묵상이라는 단어는 교회가 옛날부터 사용해 온 말이며, 종교개혁 시대에도 사용된 말입니다.

우리는 이미 공동 기도회에서 이러한 시간을 가졌는데, 왜 또다시 이것을 위해 특별 시간을 가져야만 하는지 의문이 생길 수 있습니다. 다음은 이러한 의문에 대한 대답이 될 것입니다.

묵상 시간은 개인적인 성경 묵상과 개인적인 기도, 개인적인 중보기도를 위한 것입니다. 그 외에 다른 목적은 없습니다. 영적인 실험 같은 것은 일고의 여지도 없습니다. 이 세 가지를 위해서 시간을 할애해야 하는 이유는, 하나님께서 친히 그것을 우리에게 요구하시기 때문입니다. 이것에 대해서는 오랫동안 묵상이 하나님께 반드시 드려져야 할 섬김으로 이해되어 왔다는 사실을 말하는 것만으로도 충분할 것입니다.

묵상 시간은 우리가 홀로 있는 공허함과 심연 속으로 침잠해 들어가는 것이 아니라, 하나님 말씀과 홀로 대면하게 해줍니다. 그리하여 묵상 시간은 우리가 서 있을 든든한 토대를 제공해 주며, 우리가 내디뎌야 할 걸음, 즉 우리가 해야 할 일이 무엇인지를 분명하게 보여주는 역할을 합니다.

공동 기도회 시간에는 길게 이어지는 성경 본문을 읽지만, 성경 묵상 시간에는 선별된 짧은 성구에 마음을 집중하고, 할 수만 있다면 한 주 내내 이 성구를 바꾸지 않는 것이 바람직합니다. 공동의 성경 읽기가 거룩한 성경 전체를 보게 하고 성경의 넓은 세계로 인도한다면, 성경 묵상은 개별 문장과 단어의 측량할 수 없는 깊이로 인도할 것입니다. 두 가지 모두 똑같이 필요하며 중요합니다. "능히 모든 성도와 함께……그 너비와 길이와 높이와 깊이가 어떠함을 깨달아……." 엡 3:18-19

우리는 묵상 시간에 우리에게 주어진 본문 말씀을 약속에 기초하여 읽습니다. 즉 하나님께서 아주 인격적으로 오늘 하루를 위해 우리에게 하실 말씀이 있으며, 우리 그리스도인의 상황에 대해 하실 말씀이 있다는 것입니다. 그리고 그것은 교회를 위한 하나님의 말씀일 뿐만 아니라, 개인적으로 나를 위한 하나님의 말씀임을 믿기 때문입니다. 우리는 각 문장 각 단어가 인격적으로 우리 마음에 부딪혀 올 때까지, 그 말씀 안에 오래오래 머물러 있어야 합니다. 그때 우리가 하는 일은 가장 소박하며, 세상 학식을 갖추지 못한 무학의 그리스도인이 날마다 하는 일과 조금도 다르지 않습니다. 우리는 하나님의 말씀을 우리를 위한 하나님의 말씀으로 읽습니다. 그러므로 본문 말씀이 다른 사람에게 무엇을 말하는지 물을 필요가 없습니다. 다시 말해 우리 설교자들의 경우라면, 그 본문으로 어떻게 설교하며 가르칠 것인지를 묻는 것이 아니라, 그 말씀이 우리 자신에게 개인적으로 무엇을 말하고 있는지를 물어야 합니다. 이를 위해서는 우선 본문 내용을 올바로 이해하는 것이 선행되어야 하지만, 이는 성경 주해나 설교 준비, 성경 공부를 하는 그런 종류의 것이 아니라, 우리에게 찾아오시는 하나님의 말씀을 기다리는 자세로 배우는 것입니다. 이것은 결코 헛된 기다림이 아니며, 확실한 약속에 근거하고 있는 기다림입니다. 우리는 자주 다른 생각이나 환상, 마음에 가득한 근심 걱정으로 지나치게 짓눌려 있어서, 하나님의 말씀이 그 모든 것을 몰아내고 우리에게 다가오시기까지 상당한 시간이 걸리기도 합니다. 그러나 하나님께서 몸소 인간을 찾아오셨고, 또다시 오시리라는 사실이 확실한 것처럼, 하나님의 말씀은 반드시 우리를 찾아옵니다. 그러므로 우리는 하나님께서 그분의 말씀을 통해 성령을 보내 주시도록 기도하며, 우리에게 말씀을 계시하시고 밝히 깨우쳐 주시도록 기도하면서 우리의 묵상을 시작하는 것입니다.

성경 묵상 시간에 본문 전체를 다룰 필요는 없습니다. 종종 우리는 문장 하나에 머물러 있거나, 또는 오로지 단어 하나에 머물러 있어야 할 때도 있습니다. 왜냐하면, 그 말씀에 붙잡혀서 도저히 그냥 지나쳐 버릴 수가 없기 때문입니다. '아버지', '사랑', '긍휼', '십자가', '성화', '부활' 등의 단어는 우리의 짧은 묵상 시간을 채우고도 남음이 있지 않을까요?

그러므로 우리는 묵상할 때 말로 생각하며 기도하려고 애쓸 필요가 없습니다. 잠잠히 침묵하면서 드리는 기도나 생각은 오직 들음에 기초하는데, 때때로 이렇게 하는 것이 더 유익할 수도 있습니다.

또 우리는 묵상하면서 새로운 사상을 발견해 내려고 애

쓸 필요도 없습니다. 그렇게 하는 것은 우리로 하여금 자주 곁길로 빠져들게 하며, 우리의 허영심만 만족시킬 뿐입니다. 우리가 읽고 깨달은 만큼, 말씀이 우리 속으로 들어와서 우리 안에 거처를 마련하기만 한다면 충분합니다. 마리아가 목자의 말을 듣고 "마음에 새겨둔"눅 2:19 것처럼, 어떤 사람의 말이 오랫동안 우리를 따라다니며 떠나지 않는 것처럼, 말씀이 우리 안에 거하며 일하시고, 우리 마음을 빼앗아 버리기도 하며, 우리를 불안하게도 하고 행복하게도 하는 것에 대해 우리가 어찌할 수 있는 것이 아닙니다. 이와 같이 우리가 묵상할 때 하나님의 말씀은 우리 안으로 들어와서 함께 거하기를 원하시며, 우리를 움직이고 우리 속에서 일하며 역사하기를 원하십니다. 그리하여 우리는 온종일 더는 그 말씀을 떠나지 못하게 되어, 우리가 알지도 못하는 사이에 말씀의 역사가 우리에게 일어나게 되는 것입니다.

무엇보다도 우리는 묵상할 때 예기치 않은 비범한 경험을 해야 할 필요가 없습니다. 물론 그런 일이 일어날 수도 있지만, 그러한 경험이 없더라도 묵상 시간을 허비한 것이 아닙니다. 처음 묵상을 시작할 때도 그렇지만, 우리는 거듭 반복해

메마른 내면과 무관심, 싫증으로 인해 도무지 묵상할 수 없는 내면 상태를 대면할 것입니다. 그러나 이러한 체험에 얽매여 묵상을 중단해서는 안 되며, 도리어 이럴 때 더욱더 인내와 신실함으로 묵상 시간을 지켜 나가야 합니다. 그러므로 우리는 묵상 시간에 자기 자신 속에 일어나는 여러 가지 불쾌한 경험들을 너무 심각하게 받아들이지 않는 것이 바람직합니다. 여기서 우리의 오랜 허영심이 슬며시 비집고 들어올 수도 있는데, 이것은 마치 자신이 순전히 감격스럽고 행복한 체험을 할 권리가 있기라도 하다는 듯이 생각하는 것입니다. 즉 내면의 빈곤을 경험하는 것이 자신에게 어울리지 않는 일이라 여기는 터무니없는 주장이 경건한 모습으로 가장하여 숨어 들어올 수 있다는 것입니다. 그러나 이 같은 태도로는 한 발짝도 전진할 수 없으며, 우리는 인내심을 잃고 자책하게 될 것입니다. 그리하여 단지 자기가 좋아하는 것만을 추구하며, 자기 관조觀照의 그물 속으로 점점 더 깊이 빠져 들어가고 말 것입니다. 그러나 그리스도인의 생활에서뿐 아니라, 묵상할 때에도 자기 관조의 시간은 전혀 필요하지 않습니다. 우리는 오직 말씀만을 주시하며, 모든 것을 말씀의 역사하심에 맡겨 두어야 합니다. 하나님께서 우리에게 공허함과 갈증의 시간을 주신 것은, 우리로 하여금 다시 하나님의 말씀으로부터 모든 것을 기대하도록 하기 위해서가 아니겠습니까? "하나님을 구하고, 기쁨을 구하지 마라." 이것이 모든 묵상의 기본 규칙입니다. "오직 하나님을 찾으라. 그러면 기쁨도 주어질 것이다." 이것이 모든 묵상에 주어진 약속입니다.

성경 묵상은 기도로 인도합니다. 성경 말씀으로 인도받고 성경 말씀에 기초하여 기도하는 것이야말로, 기도에 이르는 가장 확실한 길임을 우리는 이미 앞에서 말한 바 있습니다. 이렇게 할 때에 비로소 우리는 자기 자신의 공허함 속으로 빠져들지 않습니다. 그러므로 기도란 다른 것이 아니라, 바로 말씀에 기꺼이 동화되고자 하는 것이라고도 말할 수 있습니다. 그리고 그 일은 나 자신의 개인적인 상황 속에서, 내게 주어진 특별한 과제와 결단들, 죄와 유혹들 속에서 이루어지는 것입니다. 공동체의 기도에서는 결코 드릴 수 없는 기도를, 개인 묵상 시간에는 잠잠히 하나님 앞에 올려 드릴 수 있습니다. 성경 말씀을 기초로 우리는 하나님께서 우리의 하루를 밝혀 주시고, 죄에서 지켜 주시며, 성화를 이루어 주시고, 우리가 하는 일에 신실함과 능력을 주시도록 기도합니다. 그리고 이렇게 기도한 후에는 기도의 응답을 확신해도 좋습니다. 그 이유는 우리의 기도가 하나님의 말씀과 약속에 기초하여 드려진 기도이기 때문입니다. 하나님의 말씀이 예수 그리스도 안에서 성취되었으므로, 말씀을 믿고 드리는 기도는 예수 그리스도 안에서 반드시 성취되며 응답을 받습니다.

우리가 묵상 시간에 느끼는 특별한 어려움은 우리 생각이 쉽게 분산되어 제멋대로 돌아다니며, 또 다른 사람에 대한 생각이나 삶 속에서 일어난 어떤 사건에 매여서 헤어 나오지 못하는 것입니다. 이러한 일들이 반복해서 우리 마음을 무겁게 하고 수치스럽게 하더라도, 우리는 결코 의기소침해지거나 근심할 필요가 없으며, 더구나 묵상 시간이 우리에게 아무 도움이 되지 않는다고 생각해서는 안 됩니다. 이럴 때는 우리 생각을 애써 되돌리려 하지 말고, 우리의 생각이 머무는 그 사람들과 사건들을 아주 편안하게 우리의 기도 속으로 끌어들인 다음, 다시 인내심을 가지고 묵상을 시작한 처음 시간으로 돌아가는 것이 오히려 도움이 될 것입니다.

우리가 개인기도를 성경 말씀과 연결하는 것처럼, 중보

기도도 성경 말씀을 근거로 기도해야 합니다. 공동 기도회 때에는 우리에게 맡겨진 모든 사람을 생각하며 기도할 수 없고, 또 부탁을 받은 대로 중보기도하는 것도 불가능합니다. 모든 그리스도인에게는 가까운 사람 중에서 그에게 중보기도를 요청해 오는 사람들이 있을 것입니다. 또한, 그 자신이 어떤 특별한 이유에서 중보기도를 해야 할 부담을 느끼는 사람들도 있을 것입니다. 그가 가장 우선으로 중보기도를 해야 하는 대상은 날마다 그와 함께 살아가고 있는 사람들입니다. 이제 우리는 모든 그리스도인의 공동생활에서 심장의 고동 소리가 들리는 곳에 이르렀습니다. 그리스도인의 공동체는 지체들 상호간의 중보기도를 힘입어 살아가며, 그렇게 하지 않을 때 그 공동체는 무너져 버리고 맙니다. 내가 중보기도하는 형제가 내게 온갖 괴로움을 안겨줄지라도, 나는 그를 판단하거나 미워할 수 없습니다. 어쩌면 내게는 낯설게만 느껴지고 대면조차 하기 싫은 그의 얼굴이, 중보기도 속에서 형제의 얼굴로, 다시 말해 그 형제를 위해 그리스도께서 죽으신 은혜 받은 죄인의 얼굴로 변하게 됩니다. 이것이 바로 중보기도를 시작하는 그리스도인을 기쁘고 행복하게 하는 발견입니다. 우리가 당한 일이 무엇이든 중보기도 속에서 극복될 수 없는 거부감이나 개인적인 갈등, 불화란 존재하지 않습니다. 중보기도는 개인과 공동체가 날마다 들어가야만 하는 정화의 욕실浴室입니다. 중보기도 속에서 형제와의 힘겨운 씨름이 있을 수도 있겠지만, 거기에는 이미 목적으로 인도한다는 약속이 주어져 있습니다.

이 일이 어떻게 이루어집니까? 중보기도는 형제를 하나님 앞으로 인도하여, 그를 예수님의 십자가 아래서 은혜가 필요한 가련한 인간이자 죄인으로 보게 합니다. 그러면 내가 그를 밀쳐내게 하는 것은 모두 사라지고, 나는 그의 필요와 곤경만을 보게 됩니다. 그때 그의 곤궁과 죄는 마치 나 자신이 당하는 것처럼 아주 크고 무겁게 느껴질 것입니다. 그러면 나는 이제 이렇게 기도할 수밖에 없습니다. "주님, 당신이 친히, 아니 오직 당신께서 그 신실하심과 선하심으로 그를 돌보시고 도우소서." 중보기도를 드린다는 것은, 그리스도 앞에 설 수 있고 그분의 긍휼을 덧입을 수 있는 우리에게 부여된 권리와 똑같은 권리를 형제에게 주는 것을 의미합니다.

이로써 중보기도란 우리가 날마다 행해야 할, 하나님과

형제에게 빚지고 있는 섬김이라는 사실이 분명해집니다. 이웃을 위한 중보기도를 드리지 않는 사람은, 이웃을 위한 그리스도인의 섬김을 행치 않는 것입니다. 이제 중보기도가 일반적이고 애매한 것이 아니라, 극히 구체적인 사안이라는 사실이 분명해졌습니다. 중보기도는 특정한 사람과 어떤 특정한 어려움을 두고 기도하는 것이며, 따라서 분명한 기도의 제목을 가지고 기도하는 것입니다. 나의 중보기도의 내용이 분명할수록 약속도 더욱 확실해집니다.

마지막으로, 우리는 중보기도의 섬김이 시간을 드려야 하는 일이라는 사실을 무시할 수 없습니다. 모든 그리스도인, 특히 전체 공동체에 대한 책임을 지고 있는 목사들은 중보기도를 위한 시간을 가져야 합니다. 바르게 드려지는 중보기도는 그것만으로도 매일의 묵상 시간을 채우고도 남을 것입니다. 이 모든 사실에서 중보기도가 모든 그리스도인과 그리스도인 공동체를 위한 하나님의 은혜의 선물임을 알 수 있습니다. 중보기도에는 측량할 수 없이 큰 약속이 주어져 있기에, 우리는 기쁜 마음으로 그 약속을 붙잡아야 할 것입니다. 우리가 중보기도를 위해 드리는 시간은 날마다 하나님과 그리스도의 교회에 대한 새로운 기쁨의 원천으로 자리 잡게 될 것입니다.

성경 묵상과 기도, 중보기도는 우리가 마땅히 행해야 할 섬김입니다. 이러한 섬김에서 하나님의 은혜를 발견하기에, 우리는 다른 일을 할 때와 마찬가지로 중보기도를 위한 시간을 따로 정해 놓고 실천하는 것이 중요합니다. 이것은 결코 '율법주의'가 아니며, 질서요 신실함입니다. 대부분의 사람에게 이른 아침이 가장 적당한 시간임을 알 수 있습니다. 그 누구도 우리에게서 이 시간을 빼앗을 권리가 없습니다. 우리는 아무리 큰 어려움이 있더라도 전혀 방해받지 않는 고요한 시간을 가질 수 있도록 해야 합니다. 목사에게 이것은 그의 직무 수행 여부를 결정하는, 결코 면제받을 수 없는 의무입니다. 날마다 해야 할 일을 신실하게 수행하는 법을 배우지 못하고서야, 어떻게 큰일을 신실하게 수행할 수 있겠습니까?

그리스도인은 날마다 많은 시간을 비기독교적 환경 한가운데서 홀로 지내야 합니다. 이 시간은 **검증**의 시간입니다. 이 시간은 우리의 묵상 시간이 참된지, 우리의 공동체가 참된지 시험해 보는 시간이기도 합니다. 공동체가 각 개인을 자유롭고 강하며 성숙한 신앙인이 되도록 이바지했습니까, 아니면 비자립적이고 의존적으로 만들어 버렸습니까? 공동체는 그가 다시 자신의 길을 갈 수 있도록 잠시 손을 잡아 주었습니까, 아니면 그를 두려움 많고 불안해하는 사람으로 만들어 버렸습니까? 이것은 모든 기독교인의 생활 공동체에 제기되는 가장 심각하면서도 중대한 질문입니다. 더 나아가 바로 여기서 묵상 시간이 그리스도인을 비실제적인 세계로 인도한 것인지, 아니면 하나님의 실제적인 세계로 인도한 것인지 결정됩니다. 다시 말해 묵상 시간은, 그가 다시 자신의 일이 기다리는 지상의 세계로 나오면 그제야 소스라치게 놀라며 깨어나게 되는 비실제적인 세계였습니까? 아니면 하나님의 실제적인 세계에서 힘을 얻고 정화되어 일상의 삶으로 들어가게 하는 역할을 했습니까? 묵상 시간이 그로 하여금 일상생활로 돌아오면 곧 사라지고 말 영적 황홀경 상태에 잠시 빠져 있게 한 것입니까? 아니면 그의 마음속에 하나님의 말씀이 아주 선명하고 아주 깊이 드리워져, 하나님의 말씀이 온종일 그를 붙들어 주고 강하게 만들어, 그로 하여금 사랑을 행하고 순종하며 선행을 하도록 만들었습니까? 오직 그날 하루만이 여기에 대해 판단할 수 있을 것입니다. 그리스도인 공동체가 눈에 보이지 않더라도 함께하고 있다는 사실이 각 개인에게 하나의 실재이자 도움입니까? 다른 사람들의 중보기도가 온종일 나를 붙들어 주고 있습니까? 하나님의 말씀이 나와 가까이 있어 위로와 힘이 되고 있습니까? 아니면, 홀로 있음을 공동체에 맞서, 그리고 말씀과 기도에 맞서 악용하고 있습니까? 모든 개인은 홀로 있는 시간도 공동체에 영향을 미친다는 사실을 알아야 합니다. 홀로 있으면서도 그는 공동체를 깨뜨리고 흠집 낼 수 있으며, 반대로 공동체를 강건하게 하며 거룩하게 할 수도 있습니다. 그리스도인의 모든 자기 훈련은 바로 공동체를 섬기는 것이기도 합니다. 바꿔 말해, 전체 공동체에 해를 끼치지 않는 전적으로 개인적이며 은밀한 생각이나 말, 행동이란 아예 존재하지 않습니다. 병균이 몸에 침투해 들어왔을 때, 그 병균이 어디서 왔고 몸 어디에 숨어 있는지 아직 모르는 상태라 할지라도, 몸에는 이미 독소가 퍼져 있습니다. 이것이 바로 그리스도인 공동체의 모습입니다. **우리는 한 몸의 지체들입니다**. 우리가 원할 때만 몸의 지체가 되는 것이 아니라, 우리의 전 존재 안에서 우리는 이미 한 몸의 지체들입니다. 그러므로 각 개인은 몸 전체를 건강하게 만들 수도, 타락시킬 수도 있습니다. 이것은 이론이 아니라, 그리스도인의 공동체 속에서 파괴와 축복을 일삼으며 몸서리치도록 분명하게 경험되는 영적인 현실입니다.

일과를 마치고 그리스도인 가정 공동체로 돌아온 사람은, 홀로 있으면서 받은 축복을 가지고 돌아오며, 그 자신도 새롭게 공동체의 축복을 받습니다. 공동체의 능력 안에서 홀로 있는 사람은 복된 사람입니다. 홀로 있음의 능력 안에서 성도의 교제를 이루어 나가는 사람도 복된 사람입니다. 그러나 홀로 있음의 능력과 공동체의 능력은 오직 성도의 교제 안에서 각 개인에게 주시는 하나님 말씀의 능력일 뿐입니다.

4.

섬김

"제자 중에서 누가 크냐 하는 변론이 일어나니."

— **누가복음 9:46**

누가 이런 생각을 그리스도인 공동체 속에 뿌리는지 우리는 잘 알고 있습니다. 그런데도 우리는 그리스도인의 공동체가 형성되는 곳마다 이미 이러한 생각이 불화의 씨로 나타난다는 사실에 대해서는 별로 신경을 쓰지 않는 것 같습니다. 사람들은 모이기만 하면 서로 관찰하고 판단하며 분류하기 시작합니다. 그리하여 그리스도인 공동체는 생성되는 순간, 이미 눈에 보이지도 않고 때로는 아예 자각하지도 못한 채, 생사를 건 무시무시한 싸움 속으로 휘말려 들어가고 맙니다. "제자 중에서……변론이 일어나니."눅 9:46 공동체를 무너뜨리는 데는 이것만으로도 충분합니다. 그러므로 첫 순간부터 이 위험한 원수를 예의주시하고 근절해 버리는 것은, 모든 그리스도인 공동체의 생존에 직결된 중요 사안입니다. 시간을 허비해서는 안 됩니다. 인간은 다른 사람을 만나는 순간, 다른 사람에 대항하여 진지를 구축하려 합니다. 여기서 강자와 약자가 생깁니다. 강하지 않은 자는 약자가 가진 권리를 움켜쥐고, 이것을 강자에 대항하기 위한 도구로 이용합니다. 또한, 여기서 유능한 사람과 무능한 사람, 단순한 사람과 까다로운 사람, 경건한 사람과 덜 경건한 사람, 사교적인 사람과 별난 사람이 나타납니다. 무능한 사람도 유능한 사람이 가진 지위를 차지해야 하지 않습니까? 까다로운 사람도 단순한 사람이 얻는 자리를 차지해야 하지 않습니까? 나는 유능하지는 않지만, 아마도 경건할 수 있습니다. 나는 경건하지 않으며, 그것을 원한 적도 없습니다. 사교적인 사람은 한순간에 모든 것을 얻을 수 있고, 별난 사람을 웃음거리로 만들어 버릴 수 있지 않습니까? 그러나 별난 사람은 사교적인 사람의 무적의 원수가 되어, 마침내 사교적인 사람을 정복할 수도 있지 않습니까? 도대체 어떤 인간이 거의 본능적으로 자기방어에 유리한 자리에 서려고 하지 않으며, 그 자리를 결코 아무에게도 양보하지 않고 모든 것을 동원하여 자기주장을 관철하려 하지 않겠습니까? 이 모든 것이 가장 예의 바르고 경건한 모습으로 나타날 수 있습니다. 그러나 그리스도인 공동체라면, 어디선가 누가 가장 크냐 하는 생각이 그들 가운데 번지고 있다는 사실을 분명히 인식해야 합니다. 공동체에서 이러한 사실 인식은 매우 중요합니다. 이러한 생각은 자기 정당화를 위한 자연적 인간의 투쟁이기 때문입니다. 자연적 인간은 자기 정당화를 오직 다른 사람과 비교하고, 다른 사람을 판단하며 심판하는 데서 찾으려 합니다. 자기 정당화와 심판은 은혜로 말미암는 칭의와 섬김이 그러하듯 하나의 짝을 이루고 있습니다.

우리의 악한 생각을 가장 효과적으로 극복하는 길은 악한 생각을 전혀 말로 표현하지 않는 것입니다. 자기 정당화의 영이 오직 은혜의 영에 의해서만 극복될 수 있는 것이 확실하듯이, 말로만 표현되지 않으면 판단하는 생각들은 위축되며 질식해 버리고 말 것입니다. 다만 죄의 고백만은 예외인데, 여기에 대해서는 나중에 다시 말할 기회가 있을 것입니다. 자기 혀에 재갈 물리는 사람은 영혼과 몸을 다스리는 사람입니다.[약 3:3] 그러므로 그리스도인 공동체 생활의 결정적인 규칙은 형제에 대한 은밀한 말을 금지하는 것입니다. 이것이 다른 사람을 바르게 인도하고자 하는 권면까지도 해서는 안 된다는 뜻이 아님은 오해의 여지가 없을 것이며, 여기에 대해서도 다시 말할 기회가 있을 것입니다. 다른 사람에 대한 은밀한 말은 허락되어서는 안 됩니다. 그 말이 외관상 호의적이며 도움을 주려는 것처럼 보일지라도 마찬가지입니다. 왜냐하면, 형제를 미워하는 영은 형제에게 해를 입히고자 하는 마음을 가질 때마다 이런 가면을 쓰고 숨어 들어오기 때문입니다. 여기서 이러한 규칙의 개별적인 제한들에 관해 자세히 말할 수는 없습니다. 그러므로 어디에서 한계선을 그어야 할지는 주어진 상황에 맞게 때마다 결단을 내려야 할 것입니다. 그러나 이것이 성경의 요청이라는 사실은 아주 분명합니다. "앉아서 네 형제를 공박하며 네 어머니의 아들을 비방하는도다……내가 너를 책망하여 네 죄를 네 눈앞에 낱낱이 드러내리라 하시는도다", 시 50:20-21 "형제들아, 서로 비방하지 말라. 형제를 비방하는 자나 형제를 판단하는 자는 곧 율법을 비방하고 율법을 판단하는 것이라. 네가 만일 율법을 판단하면 율법의 준행자가 아니요 재판관이로다. 입법자와 재판관은 오직 한 분이시니 능히 구원하기도 하시며 멸하기도 하시느니라. 너는 누구이기에 이웃을 판단하느냐", 약 4:11-12 "무릇 더러운 말은 너희 입 밖에도 내지 말고 오직 덕을 세우는 데 소용되는 대로 선한 말을 하여

듣는 자들에게 은혜를 끼치게 하라." 엡 4:29

이와 같이 처음부터 혀를 훈련하면, 사람들은 저마다 비할 나위 없이 소중한 것을 발견하게 됩니다. 그는 타인을 끊임없이 관찰하고 판단하며 정죄하는 일을 그만두게 될 것입니다. 또한, 타인을 자기 마음대로 조종할 수 있는 자리에 두고, 그런 식으로 타인에게 폭력을 가하는 일을 멈추게 될 것입니다. 이제 그는 하나님께서 형제를 자기 앞에 두신 그 모습 그대로, 형제가 완전히 자유롭게 서도록 놓아줄 수 있습니다. 또한, 그의 시야가 넓어져서 처음으로 형제들에 대해 경탄하게 될 것이며, 창조주 하나님의 영광의 부유함을 알게 될 것입니다. 하나님은 다른 사람을 우리가 만들고 싶은 그런 모습으로 창조하지 않으셨습니다. 하나님께서 우리에게 형제를 주신 것은 그를 지배하도록 하기 위함이 아니라, 형제 너머에 계신 창조주를 발견하도록 하기 위해서입니다. 이렇게 되면 이전에는 나를 성가시게 하고 괴롭게만 하던 사람이, 이제는 그의 피조물 된 자유 속에서 기쁨의 이유로 변할 것입니다. 하나님께서는 내게 좋아 보이는 모습으로, 즉 나 자신의 형상대로 다른 사람을 뜯어고치는 것을 원치 않으십니다. 하나님께서는 타인을 내게 자유로운 사람으로서 하나님의 형상을 따라 지으셨습니다. 다른 사람에게 하나님의 형상이 어떠한 모습으로 나타날지 아무도 미리 예견할 수 없습니다. 그러나 그 모습은 분명 아주 새로우면서도, 오직 하나님의 자유로운 창조에 기초한 모습일 것입니다. 그 모습은 내게 낯설며, 어쩌면 경건하지 않은 모습으로 나타날지도 모릅니다. 그러나 하나님께서는 다른 사람을 십자가에 못 박히신 그분 아들의 형상대로 창조하셨고, 내가 깨닫기 전에는 그 모습 역시 나에게는 참으로 낯설며 경건하지 않아 보였습니다.

공동체 안에는 강함이나 약함, 영리함이나 어리석음, 유능함과 무능함, 경건함과 경건치 않음 등이 있을 수 있습니다. 그러나 이제 공동체 안에 있는 전혀 다른 개인의 모습은 더는 왈가왈부할 일도, 판단하고 정죄하며 자기를 정당화할 근거도 되지 못하며, 오히려 이 모든 것이 서로 기뻐하며 서로 섬겨야 할 이유가 될 뿐입니다. 그러면 공동체의 각 지체에게 그가 있어야 할 자리가 주어집니다. 그 자리는 가장 성공적으로 자기 자신을 주장할 수 있는 위치가 아니라, 가장 잘 섬길 수 있는 바로 그 자리입니다. 그리스도인 공동체에서 모든 것을 결정하는 중요한 요인은, 각 지체가 하나의 사슬을 잇는 데 결코 없어서는 안 될 사슬의 고리와도 같다는 사실입니다. 가장 작은 지체까지도 견고하게 맞물려 있을 때에 사슬은 끊어지지 않는 법입니다. 아무 할 일이 없는 지체가 생기는 것을 방치하는 공동체는, 바로 그 이유로 인해 무너지고 맙니다. 그러므로 모든 지체에게 공동체를 위한 특정한 임무를 부여하는 것이 바람직합니다. 그러면 의심의 시간이 오더라도, 자신이 불필요하거나 쓸모없는 존재가 아님을 알게 될 것입니다. 모든 그리스도인 공동체는 약자만 강자를 필요로 하는 것이 아니라, 강자도 약자 없이는 존재할 수 없음을 알아야 합니다. 약자를 공동체에서 배제하는 것은 곧 그 공동체의 죽음을 의미합니다.

그리스도인 공동체를 다스리는 원리는 자기 정당화에서 나오는 폭력 행사가 아니라, 은혜로 말미암은 칭의에 기초한 섬김입니다. 자신의 삶 속에서 단 한 번이라도 하나님의 긍휼을 체험한 사람이라면, 그 후로는 오직 섬기려고만 할 것입니다. 심판자의 교만한 권좌가 그를 유혹하지 못할 것이며, 오히려 그는 미천하고 작은 자들 곁으로 내려가려 할 것입니다.

왜냐하면, 하나님께서 그를 찾아내신 곳이 바로 그 낮은 곳이기 때문입니다. "높은 데 마음을 두지 말고 도리어 낮은 데 처하며."롬 12:16

섬김을 배우려는 사람은 가장 먼저 자기 자신을 낮게 평가하는 법부터 배워야 합니다. "마땅히 생각할 그 이상의 생각을 품지 말고."롬 12:3 "자기 자신을 올바로 알고 자신을 낮게 생각하는 법을 배우는 것이야말로 우리가 가져야 할 가장 고상하고 유익한 지혜입니다. 자기 자신을 드러내고자 애쓰는 것이 아니라, 끊임없이 다른 사람의 좋은 의견을 받아들이는 것이 위대한 지혜요 완전함입니다."토마스 아 켐피스 "스스로 지혜 있는 체 하지 말라."롬 12:16 오직 예수 그리스도 안에 있는 죄 사함을 근거로 사는 사람만이 자신을 진정으로 낮게 평가할 수 있습니다. 그는 그리스도께서 자신을 용서해 주셨을 때, 그 용서와 함께 자신의 지혜도 완전히 막다른 곳에 들어섰음을 압니다. 그는 선과 악이 무엇인지 알고자 했던 첫 사람의 지혜는, 그 지혜 안에서 사망하였음을 기억합니다. 지상에 태어난 첫 사람은 아우를 죽인 가인이었습니다. 그것이 인간의 지혜가 낳은 열매였습니다. 그리스도인은 더는 자신을 지혜로운 자로 생각할 수 없으므로, 자기 자신의 계획과 의도를 낮게 평가하게 됩니다. 또한, 이웃과의 만남 속에서 자신의 뜻이 꺾이는 것이 다행임을 알고 있습니다. 그는 이웃의 뜻을 자기 뜻보다 더 중요하고 절박하게 여길 준비가 되어 있습니다. 자신의 계획이 수포로 돌아간다고 해서 해가 될 것이 무엇이겠습니까? 이웃을 섬기는 것이 자기 뜻을 관철하는 것보다 더 낫지 않겠습니까?

그러나 타인의 뜻만 나의 뜻보다 중요한 것이 아니라, 그의 명예도 나 자신의 명예보다 중요합니다. "너희가 서로 영광을 취하고 유일하신 하나님께로부터 오는 영광은 구하지 아니하니 어찌 나를 믿을 수 있느냐."요 5:44 자신의 영광을 구하는 마음은 믿음을 가로막습니다. 자기 영광을 구하는 사람은 이미 하나님과 이웃을 더는 찾지 않기 때문입니다. 내가 억울한 일을 당한다고 해서, 그것이 무슨 해가 되겠습니까? 하나님께서 나를 긍휼하심으로 대하지 않았다면, 나는 하나님으로부터 더 혹독한 벌을 받아야 하지 않겠습니까? 나의 불의함에도 불구하고, 하나님은 나를 천 번이나 의롭게 대해 주지 않으셨습니까? 나의 작은 억울함을 말없이 참고 감당하는 법을 배우면서 겸손에 이르게 된다면, 그것은 유익하고 좋은 일이 아니겠습니까? "참는 마음이 교만한 마음보다 나으니." 전 7:8 은혜로 의롭다 하신 칭의에 기초하여 사는 사람은 그 어떤 모욕이나 상처에도 저항하지 않고, 도리어 벌하기도 하고 은혜를 베풀기도 하시는 하나님의 손에서 그러한 모욕이나 상처를 받아들일 준비가 되어 있습니다. 모욕이나 상처를 더는 들을 수 없고 참을 수 없을 뿐만 아니라, 바울도 즉각적으로 자신의 로마 시민권을 주장했으며, 예수님도 자신을 때리는 자들에게 "네가 어찌하여 나를 치느냐" 요 18:23 고 반박하신 일을 상기시키는 것은 좋지 않은 징조입니다. 모욕이나 수치를 당할 때 예수님과 바울이 그랬듯 먼저 침묵하는 법을 배우지 않는다면, 우리는 결코 예수님과 바울처럼 행동하지 못할 것입니다. 공동체 속에서 너무 빨리 번져나가는 감정적으로 예민하게 반응하는 죄는 얼마나 잘못된 명예욕이 공동체 안에 살아 있는지, 다시 말해 얼마나 큰 불신앙이 공동체 안에 살아 있는지를 거듭 보여 줍니다.

마지막으로, 아주 극단적인 말을 해야만 하겠습니다. 자신을 지혜롭게 여기지 않고 비천한 자들 속으로 낮아져 들어가는 것은—빈말이 아니라 깨어 있는 맑은 정신으로 말씀드립니다—자신을 죄인 중의 괴수라고 말하는 것을 의미합니다. 이것은 일반 사람들의 저항뿐 아니라, 자부심이 강한 그리스도인의 저항도 불러일으킵니다. 이 말이 너무 과장되고 진실이 아닌 것처럼 들리는 것도 사실입니다. 그러나 사도 바울도 자신이 죄인 중에 괴수, 가장 큰 죄인이라고 말했습니다.[딤전 1:15] 그것도 자신이 사도로 섬기고 있다는 사실을 말하는 맥락에서 그렇게 말하였습니다. 자신을 이러한 깊이로까지 인도하지 않는 죄 인식은 참된 죄 인식이라 할 수 없습니다. 나의 죄가 다른 사람의 죄에 비해 더 작게 보이거나 덜 사악해 보인다면, 내가 나의 죄를 전혀 깨닫지 못하는 것이라고밖에 말할 수 없습니다. 내 죄는 필연적으로 가장 크고, 가장 무거우며, 가장 사악한 죄입니다. 왜냐하면, 형제 사랑이 다른 사람의 죄는 얼마든지 덮어줄 수 있지만, 자신의 죄에 대해서는 추호의 변명도 하지 못하게 만들기 때문입니다. 그러므로 내 죄가 가장 크고 무거운 죄일 수밖에 없는 것입니다. 공동체 안에서 형제를 섬기고자 하는 사람은 모름지기 이러한 겸손의 깊이까지 내려가야 합니다. 다른 사람의 죄가 내 죄보다 심각하고 훨씬 더 무거워 보인다면, 어떻게 거짓이 아닌 겸손으로 섬길 수 있겠습니까? 내가 그 사람보다 자신을 높이지 않으면서 그에 대한 희망을 품을 수 있겠습니까? 그것은 위선적인 섬김이 될 것입니다. "여러분이 다른 모든 사람보다 작은 자임을 깊이 느끼지 못한다면, 성화의 역사에서 한 걸음 전진했으리라 생각하지 마십시오."토마스 아 켐피스

그러면 그리스도인 공동체에서 형제의 바른 섬김은 어떻게 이루어지는 것일까요? 우리는 이웃을 진정으로 섬기는 길은 하나님의 말씀으로 섬기는 길밖에 없다고 너무나 성급히 대답하려는 경향이 있습니다. 물론 이에 비길 만한 섬김이 없다는 것은 분명하며, 다른 모든 섬김은 말씀으로 섬기는 일을 위해 존재한다고 해도 과언이 아닙니다. 그러나, 그리스도인 공동체가 말씀을 전하는 설교자만으로 이루어져 있는 것은 아닙니다. 그러므로 만약 여기서 몇 가지 다른 요소들을 고려하지 않는다면, 엄청난 잘못을 범할 수도 있을 것입니다.

공동체 안에서 한 사람이 다른 사람에게 빚지고 있는 **첫 번째** 섬김은 다른 사람의 말을 들어주는 것입니다. 하나님에 대한 사랑이 그분의 말씀을 듣는 데서부터 시작되듯이, 형

제에 대한 사랑도 형제의 말에 귀를 기울여 듣는 것을 배우는 데서 시작됩니다. 우리를 향하신 하나님의 사랑은 우리에게 당신의 말씀을 주실 뿐 아니라, 당신의 귀도 빌려주신다는 사실에서 나타납니다. 그러므로 우리가 형제에게 귀를 기울여 듣는 법을 배우면, 우리가 형제에게 행하는 그 일이 바로 하나님의 역사가 되는 것입니다.

그리스도인들, 특히 설교자들은 다른 사람들과 함께 있을 때면 언제나 그들에게 무엇인가를 '제공'해야 한다고 여기며, 그것이 그들이 할 수 있는 유일한 섬김이라고 생각하는 경향이 있습니다. 그들은 귀를 기울여 듣는 것이 말하는 것보다 더 큰 섬김이 될 수 있음을 잊고 있습니다. 많은 사람이 자신에게 귀를 기울여 들어줄 사람을 찾지만, 그리스도인 가운데서도 들을 귀를 가진 사람을 찾기란 그리 쉽지 않습니다. 왜냐하면, 그들은 들어야 할 때도 입을 열어 말하려고만 하기 때문입니다. 그러나 형제에게 귀를 기울이지 않는 사람은, 머지않아 하나님께도 귀를 기울이지 않을 것이며, 하나님 앞에서도 항상 말만 하려고 들 것입니다. 여기서 영적인 죽음이 시작되며, 결국 남는 것은 영적인 수다뿐입니다. 그곳에는 경건한 말 속에서 질식해 버린 성직자 냄새를 풍기는 자기 낮춤이 있을 뿐입니다. 오랜 시간 인내심을 품고 귀 기울여 들을 수 없는 사람은, 항상 다른 사람의 귀에 들어가지도 않는 말만 하면서도 그 사실을 전혀 깨닫지 못합니다. 자기 시간이 너무 소중해서 다른 사람의 말을 듣는 데 할애할 수 없다고 생각하는 사람은, 사실은 하나님과 형제를 위한 시간을 결코 낼 수 없습니다. 그는 항상 자기 자신을 위해서, 오직 자신의 말과 계획을 위해서만 시간을 낼 뿐입니다.

형제의 영혼을 돌보는 목회와 설교의 근본적 차이는 다음과 같습니다. 목회자는 말씀의 사명과 함께 청취의 사명까지 함께 부여받았다는 것입니다. 그런데 다른 사람이 할 말을 이미 다 알고 있다는 듯이 귀를 반쯤만 열어 놓고 듣는 경우도 있습니다. 이런 경우 인내심을 가지고 주의 깊게 들어주지 않는데, 그것은 형제를 무시하는 태도입니다. 그는 마침내 자신이 말할 때가 오기만을 기다리며, 다른 사람에게서 벗어나게 되기를 바라고 있을 뿐입니다. 이렇게 해서는 우리의 사명을 완수할 수 없으며, 여기서도 형제에 대한 우리의 태도는 하나님과의 관계를 그대로 반영한다는 사실을 알 수 있습니다. 우리가 아주 사소한 것에서 형제의 말에 귀를 기울이지 않는다면, 하나님께서 우리에게 위탁하신 가장 위대한 들음의 섬김, 즉 형제의 죄 고백을 들어주는 섬김을 수행할 수 없음은 그리 놀랄 일도 아닙니다. 오늘날 하나님 없는 세상에서도 어떤 사람의 말을 진지하게 들어주기만 해도 그 사람이 도움을 받을 수 있다는 사실을 알고 있습니다. 그들은 이러한 인식 위에 세속적인 정신 치료를 수행하는데, 이러한 치료에 많은 사람이 매료되어 있을 뿐 아니라, 심지어 그리스도인들도 그곳으로 몰려가고 있습니다. 그러나 그리스도인들은 자신들에게 듣는 직무가 부여되었으며, 그 직무는 위대한 경청자이신 그리스도께서 그분의 사역에 동참하도록 우리에게 위탁하신 일이라는 사실을 잊어버렸습니다. 우리가 하나님의 말씀으로 말할 수 있으려면, 하나님의 귀로 들어야만 합니다.

그리스도인 공동체에서 한 사람이 다른 사람에게 행해야 할 **두 번째** 섬김은 기꺼이 다른 사람을 돕는 것입니다. 여기서는 무엇보다도 그리 중요하지 않아 보이는 사소하고 외적인 일을 겸손하게 도와주는 것을 의미합니다. 공동체의 삶 속에는 자잘하게 도울 일이 얼마나 많은지 모릅니다. 가장 작은 섬김이라도 무시해서는 안 됩니다. 아주 미천하고 몸으로 하는 외적인 일을 돕느라 귀한 시간을 공연히 낭비하고 있다는 염려는, 대개 자기 일을 지나치게 중요하게 여기는 데서 기인합니다. 우리는 하나님께서 우리의 길을 가로막으실 때를 대비하여 준비된 자세로 살아야만 합니다. 하나님은 우리가 가는 길에 그들의 요구와 요청을 들고 찾아오는 사람들을 보내셔서, 우리의 길과 계획을 반복해서 가로막아 서십니다. 아니, 날마다 우리의 길과 계획을 저지하십니다. 우리는 강도 만난 자를 지나쳐 버렸던 제사장처럼, 우리가 하고 있는 중요한 일에 몰두한 나머지, 그들을 지나쳐 버릴 수 있습니다. 어쩌면 성경을 읽느라 그렇게 할 수도 있습니다. 그러면 우리의 길이 아닌 하나님의 길이 중요하다는 사실을 보여주기 위해서 우리의 삶에 분명히 제시된 십자가의 표식을 지나쳐 버리게 됩니다. 그리스도인들과 신학자들이 종종 자기 일만을 중요하고 절박한 것으로 간주한 나머지, 그 어떤 것도 그들이 하는 일에 제동을 거는 것을 용납하지 못한다는 사실은 정말 이상한 일입니다. 그들은 그것이 하나님을 섬기는 것이라 생각하지만, 실상은 하나님의 "굽었지만 곧은 길"Gottfried Arnold, 고트프리트 아놀트을 무시하는 것입니다. 그들은 좌절된 인생의 길은 아예 알려고도 하지 않습니다. 그러나 섬겨야 할 때 도움의 손길을 아끼지 않으며, 우리 시간을 자기 감독하에 두지 않고 하나님께서 채우시도록 하는 것이야말로 겸손을 배우는 학교에 속한 것입니다. 수도원에서 수도원장에게 복종의 서약을 한 수도사는 시간을 자기 마음대로 사용할 수 있는 권한을 스스로 포기합니다. 개신교 공동체 생활에서는 자유롭게 형제를 섬기는 것으로 서약을 대신합니다. 날마다 다른 사람을 돕기 위해서 사랑과 긍휼을 행하는 손을 아끼지 않는 사람만이 하나님의 사랑과 긍휼의 말씀을 신뢰성 있게 기쁨으로 선포할 수 있습니다.

이제는 다른 사람의 짐을 짊어지는 **세 번째** 섬김에 관해서 말하고자 합니다. "너희가 짐을 서로 지라. 그리하여 그리스도의 법을 성취하라."갈 6:2 그리스도의 법은 다른 사람의 짐을 짊어지는 법입니다. 짐을 짊어진다는 것은 참고 감당하는 것입니다. 형제는 그리스도인에게 짐입니다. 다른 사람도 아닌 바로 그리스도인에게 정말이지 짐이 됩니다. **이방인에게는** 다른 사람이 전혀 짐이 되지 않습니다. 그는 다른 사람이 짐이 되면, 바로 거부하고 외면해 버리기 때문입니다. 그러나 그리스도인은 형제의 짐을 짊어져야 합니다. 그는 형제를 참고 감당해 주어야 합니다. 오직 다른 사람이 짐이 될 때만, 참으로 형제가 되고 지배의 대상이 되지 않습니다. 인간의 짐은 하나님에게도 너무 무거워서, 그 짐을 십자가 위에서 짊어지실 수밖에 없었습니다. 하나님은 인간을 예수 그리스도의 몸에서 실제로 참고 감당하셨습니다. 마치 어머니가 자식을, 목자가 잃은 양을 품에 안으시듯 인간의 짐을 짊어지셨습니다. 그러나 하나님께서 인간을 영접하신 바로 그 자리에서, 사람들은 하나님을 땅바닥으로 내동댕이쳐 버렸습니다. 그런데도 하나님은 그들 곁에 머물러 계셨고, 그리하여 그들은 하나님과 함께할 수 있게 되었습니다. 하나님께서는 이렇게 인간을 참아 주심으로 우리와의 사귐을 지켜 내셨습니다. 이것이 바로 십자가에서 성취된 그리스도의 법입니다. 그리스도인은 이 법에 참여하는 자들입니다. 그러므로 우리가 형제를 참고 감당하는 것이 마땅합니다. 그러나 이보다 더 중요한 사실이 있는데, 그것은 그리스도인들이 이제 성취된 그리스도의 법 아래서 형제를 참고 감당하게 되었다는 것입니다.

성경은 '짊어진다'는 말을 이상할 정도로 많이 합니다. 성경은 예수 그리스도께서 행하신 모든 일을 이 말로 표현하고 있을 정도입니다. "그는 실로 우리의 질고를 지고 우리의 슬픔을 당하였거늘……그가 징계를 받으므로 우리는 평화를 누리고."사 53:4-5 그래서 성경은 그리스도인의 삶 전체를 십자가를 짊어지는 삶이라고 표현하는 것입니다. 여기서 실현되는 것이 그리스도의 몸의 공동체입니다. 그리스도인의 삶이란, 한 사람이 다른 사람의 짐을 알고 함께 경험해야만 하는 십자가 공동체입니다. 다른 사람의 짐을 알고 체험하지 못한다면, 그것은 그리스도인의 공동체라 할 수 없습니다. 다른 사람의 짐을 짊어지는 것을 거부한다면, 그것은 곧 그리스도의 법을 부인하는 것입니다.

이미 말했듯이, 그리스도인에게 짐이 되는 것은 무엇보다도 타인의 **자유**입니다. 타인의 자유는 그리스도인의 자기 영광을 구하는 마음을 거스르지만, 그리스도인은 타인의 자유를 인정해야만 합니다. 다른 사람의 자유를 허용하지 않고 자신의 모습을 강제로 각인시켜 버린다면, 그리스도인도 이 짐을 벗어 버릴 수 있습니다. 그러나 하나님께서 다른 사람 안에 그분의 형상을 창조하실 수 있도록 하는 그리스도인은, 타인의 자유를 허용하는 가운데 자기 스스로 다른 피조물의 자유로 인한 짐을 짊어집니다. 타인의 자유에는 우리가 본질, 특성, 소질과 같은 말로 이해하는 모든 것이 포함되어 있습니다. 타인의 자유는 또한 우리의 인내를 한계에 이르게 하는 기괴한 성격과 약점들까지도 아우르며, 이 자유에는 타인과 나 사이에서 온갖 불화와 대립, 충돌을 일으키는 모든 것이 다 포함됩니다. 다른 사람의 짐을 짊어진다는 것은, 타인의 피조된 현실을 견뎌 내는 것이며, 타인의 모습 그대로를 긍정하고 또 참고 감당하는 가운데 타인에 대한 기쁨에 이르기까지 돌파해 나가는 것입니다.

특별히 이렇게 하기가 힘든 경우가 있는데, 그것은 믿음이 강한 자들과 약한 자들이 한 공동체 안에 섞여 있을 때입니다. 약한 자는 강한 자를 심판하지 말고, 강한 자는 약한 자를 멸시하지 말아야 합니다. 약자는 교만을, 강자는 무관심을 경계해야 합니다. 그 누구도 자기 자신의 권리를 주장하지 말아야 합니다. 강자가 넘어질 때 약자는 남의 불행을 보고 기뻐하는 마음을 품지 않도록 경계해야 하며, 약자가 넘어질 때

강자는 다정하게 다가가서 그를 다시 일으켜 세워 주어야 합니다. 강자와 약자 모두 똑같이 충분한 인내심이 필요합니다. "홀로 있어 넘어지고 붙들어 일으킬 자가 없는 자에게는 화가 있으리라."전 4:10 성경은 다른 사람의 자유를 인정하면서 용납하고 감당해 주어야 한다고 말하면서 다음과 같이 권면합니다. "서로 용납하여",골 3:13 "모든 겸손과 온유로 하고 오래 참음으로 사랑 가운데서 서로 용납하고."엡 4:2

그리스도인에게 죄는 형제에게 지우는 짐이 되는데, 그것은 다른 사람의 자유에 대해 말할 때 자유가 **죄** 속에서 악용되기도 하기 때문입니다. 다른 사람의 죄를 감당하는 것은 그의 자유를 감당해 주는 것보다 훨씬 더 어렵습니다. 왜냐하면, 죄 속에서는 하나님과의 사귐뿐 아니라, 형제와의 사귐도 깨어져 버리기 때문입니다. 여기서 그리스도인은 예수 그리스도 안에서 이루어진 다른 사람과의 사귐이 단절되는 아픔을 겪게 됩니다. 그러나 여기서도 우리가 형제의 죄를 짊어짐으로써 하나님의 크신 은혜가 비로소 명백하게 드러납니다. 죄인을 멸시하지 않고 그의 죄를 짊어지며 감당하는 것은, 그가 버린 바 되었다며 포기하지 않고 그를 영접하는 것을 의미합니다.

또한, 용서를 통해 그가 성도의 교제를 유지해 나가도록 하는 것입니다. "형제들아, 사람이 만일 무슨 범죄한 일이 드러나거든 신령한 너희는 온유한 심령으로 그러한 자를 바로잡고." 갈 6:1 그리스도께서 죄인된 우리를 감당해 주시고 영접하신 것처럼, 우리도 그분의 공동체 안에서 죄인들을 감당해 주어야 하며 예수 그리스도의 공동체로 받아들여야 합니다. 그리고 우리는 형제의 죄를 참고 감당해야 하겠지만, 그를 심판할 필요는 없습니다. 이것은 그리스도인들에게 은혜인데, 그 이유는 공동체 안에서 발생하는 죄 중에 자신의 신실치 못한 기도와 중보기도를 탓하지 않아도 되는 죄가 있겠습니까? 형제를 온전히 섬기지 못하고, 형제에게 권면과 위로를 하지 못한 자신을 탓하지 않을 수 있겠습니까? 또한, 자신의 개인적인 죄를 돌아보며, 자기 자신과 공동체, 그리고 형제들에게 해를 끼친 영적인 방종 등을 자책하지 않아도 될 사람이 있겠습니까? 각 개인의 모든 죄가 전체 공동체를 괴롭히며 고발하고 있으므로, 교회는 형제의 죄로 말미암아 감당해야 할 그 모든 아픔과 그 죄로 말미암아 짊어지게 된 무거운 짐에도 불구하고, 죄를 짊어지고 용서할 수 있는 자로 인정받은 사실 앞에 기쁨의 환호성을 올리게 되는 것입니다. "보라, 여러분이 그들 모두를 짊어지면, 그들은 다시 여러분의 모든 것을 짊어지리라. 그리고 그 모든 것에는 일반적인 것과 좋은 것, 나쁜 것이 모두 포함되어 있다." 마르틴 루터

용서의 섬김은 한 사람이 타인에게 날마다 행해야 하는 섬김입니다. 용서의 섬김은 **말없이** 서로를 위해 중보기도하는 가운데 이루어집니다. 그리고 이러한 섬김에 싫증을 내지 않는 공동체의 모든 지체는, 형제들이 자신을 똑같이 섬기고 있으리라는 사실을 믿어도 될 것입니다. 자진해서 타인의 짐을 짊어지는 사람은, 누군가에 의해 자신도 짊어짐을 받고 있다는 사실을 알며, 오직 이러한 능력 안에서 그는 자발적으로 타인의 짐을 짊어질 수 있습니다.

귀 기울이는 섬김, 적극적인 도움의 섬김, 다른 사람의 짐을 짊어지는 섬김이 신실하게 행해질 때 궁극적인 것이자 최고의 것, 즉 하나님의 말씀으로 섬기는 일이 이루어질 수 있습니다.

여기서 중요한 것은 사람이 사람에게 하는 자유로운 말이며, 어떤 직무나 시간과 장소에 얽매여 있는 말이 아닙니다.

그것은 이 세상에 존재하는 유일한 상황에서 한 사람이 다른 사람에게 인간의 말을 사용하여 하나님의 온갖 위로와 경고의 말씀을 전하며, 하나님의 자비와 준엄하심을 증언하는 것입니다. 이 말은 한없는 위험에 둘러싸여 있습니다. 귀를 기울여 바로 듣는 일이 선행되지 않는다면, 어떻게 다른 사람에게 바른말을 해줄 수 있겠습니까? 그의 삶이 적극적이고 실제적인 도움을 주지 못한다면, 그가 하는 말이 어떻게 믿을 만하며 진실한 말이 될 수 있겠습니까? 다른 사람을 감당하려는 태도가 아닌 조급하고 폭력적인 영에서 나온 말이, 어떻게 자유롭게 하며 치유하는 말이 될 수 있겠습니까? 누군가 진실로 귀를 기울이고 섬기며 감당해 줄 때야, 비로소 입이 쉽게 다물어지는 법입니다. 모든 것이 말뿐이라는 깊은 불신 앞에서는, 형제에게 하는 자신의 말도 힘을 잃어버리고 맙니다. 도대체 무력한 인간의 말이 어떻게 다른 사람에게 영향을 줄 수 있겠습니까? 빈말을 늘어놓아야 할 필요가 있겠습니까? 우리도 영적으로 틀에 박힌 생활을 하는 사람들과 똑같이 다른 사람의 실제적인 곤궁을 빈말로 지나쳐 버려야 하겠습니까? 하나님의 말씀을 지나치게 많이 하는 것보다 더 위험한 것이 또 있겠습니까? 다른 한편으로는 말을 해야 할 때 입을 다물어 버린 것에 대해서는 누가 책임을 져야 하겠습니까? 침묵을 지켜야 할 책임과 말을 해야 할 책임 사이에 있는 완전히 자유로운 말에 비한다면, 강단 위에서 잘 정리된 말을 하는 것은 얼마나 쉬운 일입니까?

말씀에 대한 자신의 책임 앞에 경외심을 갖게 되면, 타인에 대한 경외심이 따라오게 됩니다. 한 형제에게 예수 그리스도의 이름을 입에 올리는 것은 결코 쉬운 일이 아닙니다. 여기서도 옳고 그른 것이 뒤섞일 수 있습니다. 누가 감히 이웃의 삶에 개입해도 되겠습니까? 그를 멈춰 세우고, 그와 만나서 궁극적인 것에 관해 말할 수 있는 권한이 누구에게 있을까요? 모든 사람에게 이런 권한이 있다고 말하는 것, 아니 모든 사람에게 이런 의무가 있다고 말하는 것은, 위대한 기독교적 통찰력에 이르지 못했다는 증거일 뿐입니다. 타인에게 폭력을 행사하려는 영이 여기서 다시 가장 사악한 방식으로 숨어 들어올 수 있기 때문입니다. 사실 타인에게는 그 자신을 이러한 허락되지 않은 간섭으로부터 지킬 고유한 권리와 고유한 책임, 그리고 고유한 의무가 있습니다. 타인에게는 자신이 심한 손상을 입지 않고는 노출될 수 없고, 자기 자신을 파괴하지 않고서는 폭로될 수 없는 그 자신만의 비밀이 있습니다. 이 비밀은 지식이나 감정의 비밀이 아니라, 그의 자유, 그의 구원, 그의 존재의 비밀입니다. 그러나 이러한 올바른 인식이 위험하게도 살인자 가인의 말에 너무나 근접해 있습니다. "내가 내 아우를 지키는 자니이까?"창 4:9 이 말은 영적으로 타인의 자유를 존중해 주는 것처럼 보이지만, 하나님께서 하신 저주의 말씀 아래 있습니다. "내가 그의 피 값을 네 손에서 찾을 것이고."겔 3:18

그리스도인들이 더불어 살아가는 곳에서는, 언제든 그리고 어떻게든 한 사람이 다른 사람에게 개인적으로 하나님의 말씀과 뜻을 증언해야 할 때가 옵니다. 모든 사람에게 가장 중요한 것을 형제들끼리 서로 나누지 않고 살아간다는 것은 생각조차 할 수 없는 일이기 때문입니다. 한 사람이 다른 사람에게 행해야 할 결정적인 섬김을 알면서도 행치 않는 것은, 결코 그리스도인의 자세가 아니기 때문입니다. 우리가 그 말을 입에 올리기를 원치 않는다면, 우리는 자신을 검증해 보아야 할 것입니다. 우리는 아직도 형제를 보면서 결코 훼손시켜서는 안 될 인간의 존엄성만을 보고 있는 것은 아닌지, 그 결과 가장 중요한 것을 잊고 있는 것은 아닌지 살펴보아야 합니다. 그가 아무리 나이가 많고 지위가 높으며 중요한 사람이라 해도, 우리와 똑같은 죄인으로서 하나님의 은혜를 애타게 갈구하고 있으며, 우리와 똑같이 커다란 곤경에 처해 있으며, 도움과 위로와 용서가 필요한 사람이라는 사실을 잊고 있는 것은 아닌지 살펴보아야 합니다. 그리스도인들이 서로에게 말할 수 있는 근거는, 한 사람이 다른 사람을 죄인으로서 인식하는 데 있습니다. 다시 말해 그에게 도움을 주지 않으면, 그가 아무리 높은 영광의 자리에 있을지라도 버림받고 잃어버린 죄인에 불과하다는 사실을 인식하는 것입니다. 이것은 다른 사람을 경멸하거나 모욕하는 태도가 아닙니다. 이것은 다른 사람에게 인간이 가진 참되고 유일한 명예, 즉 그가 죄인이지만 하나님의 은혜와 영광에 참여해야만 할 하나님의 자녀임을 증명해 보이는 방법입니다. 이러한 인식은 형제에게 하는 우리의 말에 꼭 필요한 자유와 개방성을 부여해 줍니다. 우리는 서로에게 필요한 도움의 말을 주고받습니다. 우리는 그리스도께서 우리에게 가라고 하신 그 길을 가자고 서로 권면합니다. 우리는 우리를 망하게 하는 불순종을 멀리하자고 서로 경고합니다. 하나님의 선하심과 준엄하심을 알기 때문에, 우리는 서로를 부드럽게 대하기도 하고 엄하게 대하기도 하는 것입니다. 우리 모두 하나님만을 두려워해야 하는데, 왜 우리가 서로를 두려워해야 하겠습니까? 누군가 우리에게 하나님의 위로와 권면의 말씀을 전했을 때, 어쩌면 그가 더듬거리며 하나님의 말씀을 전했을지라도 우리는 아주 잘 이해할 수 있지 않았습니까? 그런데 왜 우리는 형제가 우리를 이해하지 못할 것으로 생각하는 것입니까? 아니면 위로나 권면의 말씀이 전혀 필요하지 않은 사람이 있을 것으로 생각하는 것입니까? 그렇다면 왜 하나님께서는 우리에게 그리스도인의 형제 관계를 주셨을까요?

우리가 다른 사람이 하는 말을 가만히 듣는 연습을 하면 할수록, 또한 심한 비판과 권면까지도 겸손한 마음으로 감사하며 받아들일 자세가 되어 있다면, 우리는 그만큼 더 자유로워지고, 객관적으로 우리 자신의 말도 할 수 있게 됩니다. 너무 예민하고 허영심으로 가득하여 형제의 진지한 말을 거절하는 사람은, 타인에게 겸손하게 진리를 말할 수도 없습니다. 왜냐하면, 그는 타인의 거절을 두려워하며, 그 거절로 인해 다시 자신이 상처를 받았다고 느끼게 될 것이기 때문입니다. 이렇게 예민한 사람은 형제에게 좋은 말만 해주지만, 머지않아 형제를 멸시하고 중상하는 사람으로 변합니다. 그러나 겸손한 사람은 항상 진리와 사랑 안에 거합니다. 그는 하나님의 말씀 안에 거하며, 그 말씀의 인도를 받아 형제에게 나아갑니다. 그는 아무것도 자신을 위해 구하지 않고 아무것도 두려워하지 않기에, 말씀으로 다른 사람을 도울 수 있습니다.

형제가 공공연한 죄에 빠졌을 때, 그를 훈계하는 것은 하나님의 말씀이 명령하고 있는 피할 수 없는 일입니다. 교회의 훈육은 가장 가까운 사이에서부터 연습해 나가야 합니다. 가정 공동체의 가르침과 삶이 하나님의 말씀을 떠나 있어 전 교회가 위태롭게 되었을 때, 주저 없이 권면하고 징계하는 말씀이 주어져야 합니다. 다른 사람의 죄를 묵과하는 관대함보다 더 잔인한 것은 없습니다. 형제를 죄의 길에서 돌이키게 하는 준엄한 훈계보다 더 자비로운 것은 없습니다. 오직 하나님의 말씀만이 우리를 심판하고 도우면서 우리 사이에 거하게 하는 것이 긍휼의 섬김이며, 참된 공동체가 궁극적으로 선사하게 되는 것이기도 합니다. 우리가 심판하는 것이 아니라 오직 하나님께서 심판하시며, 하나님의 심판은 풍성한 도움이며 구원을 이루게 합니다. 우리는 마지막 순간까지 오직 형제를 섬길 수 있을 뿐이며, 결코 우리를 형제 위에 두어서는 안 됩니다. 심지어 우리가 그를 심판하고 떨어내는 하나님의 말씀을 전하는 순간에도, 하나님께 순종하여 그와의 사귐을 중단하는 상황에서도, 우리는 그를 섬기고 있을 뿐입니다. 다른 사람을 변함없이 신실하게 대하게 하는 것은, 우리의 인간적인 사랑이 아니라 오직 심판을 통해서 다가오시는 하나님의 사랑이라는 사실을 우리는 분명히 알고 있습니다. 하나님의 말씀은 심판하심으로써 인간을 섬깁니다. 하나님의 심판의 섬김을 받아들이는 사람은 하나님의 도우심을 받습니다. 이곳이 바로 형제를 위한 모든 인간적인 행위의 한계가 명명백백하게 드러나는 장소입니다. "아무도 자기의 형제를 구원하지 못하며 그를 위한 속전을 하나님께 바치지도 못할 것은 그들의 생명을 속량하는 값이 너무 엄청나서 영원히 마련하지 못할 것임이니라."시 49:7-8 자기 자신의 가능성을 포기하는 것이야말로, 바로 하나님의 말씀만이 형제에게 줄 수 있는 구원의 도우심을 위한 전제 조건이자 확증이기도 합니다. 우리는 형제가 가는 길을 좌지우지할 수 없으며, 깨어지려는 것을 함께 붙들어 맬 수도 없고, 죽어가는 것을 살릴 수도 없습니다. 그러나 하나님은 상한 것을 싸매시며, 분열 속에서 사귐을 이루어 내시고, 심판을 통해 은혜를 베푸십니다. 그런데 하나님께서는 그분의 말씀을 우리 입에 두셨습니다. 그리고 우리를 통해 말씀하길 원하십니다. 그런데 우리가 하나님의 말씀을 가로막고 있으면, 죄 있는 형제의 피가 우리에게 돌아올 것입니다. 그러나 우리가 그분의 말씀을 전하면, 하나님은 우리를 통해 형제를 구원할 것입니다. "너희가 알 것은 죄인을 미혹된 길에서 돌아서게 하는 자가 그의 영혼을 사망에서 구원할 것이며 허다한 죄를 덮을 것임이라."약 5:20

"너희 중에 누구든지 크고자 하는 자는 너희를 섬기는 자가 되고."막 10:43 예수님은 공동체 내의 모든 권위를 형제에 대한 섬김과 연관시키셨습니다. 참된 영적 권위는 오직 듣는 섬김과 돕는 섬김, 다른 사람의 짐을 짊어지는 섬김, 선포의 섬김이 이루어지는 곳에서만 존재합니다. 다른 사람의 중요한 자질과 특출한 능력, 힘과 재능에 대한 모든 개인숭배는, 그것이 아무리 영적인 종류의 것이라 해도 세상적이며, 그리스도인의 교회에서 결코 허용해서는 안 됩니다. 그것은 교회에 독을 퍼뜨리는 행위입니다. 오늘날 우리는 '주교다운 사람', '목사 같은 사람', '영향력 있는 사람' 등을 갈망하는 소리를 종종 듣습니다. 그러나 이러한 기대는 대부분 사람을 경모하고, 눈에 보이는 인간의 권위가 나타나기를 바라는 병든 마음의 욕구에서 나옵니다. 왜냐하면, 참된 섬김의 권위가 눈을 씻고 봐도 잘 보이지 않기 때문입니다. 그러나 감독을 묘사하는 데 있어, 신약성경보다 더 예리하게 이러한 욕망에 반대를 표명하는 곳은 없습니다.딤전 3:1 신약성경은 인간적 재능의 마력이나 영적인 인물의 빛나는 성품에 관해서는 한마디 말도 없습니다. 감독은 소박한 사람이며, 믿음과 생활에서 건전하고 신실한 사람으로서, 교회에서 자신이 맡은 일을 올바르게 수행하는 사람입니다. 그의 권위는 맡은 바 책무를 수행하는 데 있습니다. 사람은 결코 경탄의 대상이 될 수 없습니다. 그릇된 권위를 추구하게 되면, 결국 교회 안에는 다시 직접적인 어떤 것, 즉 인간적인 예속이 머리를 쳐들게 됩니다. 진정한 권위는 모든 직접적인 관계가 권위의 문제에 있어 해롭다는 사실을 알고 있습니다. 그리고 홀로 권위를 가지신 오직 한분만을 섬길 때만 권위가 세워진다는 사실을 알고 있습니다. 엄밀히 말해, 참된 권위는 그 자신이 다음과 같은 예수님의 말씀에 결속되어 있음을 알고 있습니다. "너희 선생은 하나요 너희는 다 형제니라." 마 23:8 교회는 뛰어난 인물이 아니라, 예수님과 형제들을 신실하게 섬기는 사람들을 필요로 합니다. 그런데 교회에는 뛰어난 사람이 부족한 것이 아니라, 바로 이러한 신실한 예수님의 종을 찾아보기 힘듭니다. 교회는 오직 예수님의 말씀을 소박하게 섬기는 사람에게 신뢰를 보입니다. 왜냐하면, 교회는 인간의 지혜나 생각이 아니라, 선한 목자의 말씀으로 인도받아야 함을 알고 있기 때문입니다. 권위의 문제와 밀접한 관계가 있는 영적인 신뢰에 대한 문제는, 어떤 사람이 가진 특별한 은사에 달려 있지 않고, 예수 그리스도를 섬기는 신실함에서 결정되는 것입니다. 목회의 권위는 자신의 권위를 구하지 않고, 형제들 가운데 한 형제 된 자로서 오직 말씀의 권위에 복종하는 예수님의 종에게만 주어집니다.

5.

죄 고백과 성찬

"너희 죄를 서로 고백하며."

— 야고보서 5:16

자신의 죄악과 함께 홀로 머무는 사람은, 완전히 고독한 외톨이 신세입니다. 그리스도인은 공동 기도회와 합심 기도와 섬김의 직분을 수행하면서 갖는 각종 성도의 교제에도 불구하고, 홀로 남아 있을 수 있습니다. 즉 성도의 교제에 이르는 마지막 돌파가 이루어지지 않은 상태로 머물 수 있습니다. 왜냐하면, 그들이 믿음 있고 경건한 자로서만 서로 교제할 뿐, 경건치 않은 죄인으로서는 교제하지 않기 때문입니다. 경건한 공동체에서는 그 누구도 죄인이 되는 것을 허락하지 않습니다. 그래서 사람들은 저마다 자기 자신과 공동체 앞에서 자기 죄를 숨길 수밖에 없습니다. 우리는 죄인이어서는 안 되는 것입니다. 그러므로 경건한 사람들 속에 갑자기 죄인이 나타나기라도 하면, 많은 그리스도인에게 생각할 수도 없는 놀라운 일이 되고 마는 것입니다.

그래서 우리는 거짓과 위선 속에 우리 자신의 죄악과 함께 홀로 머물러 있을 수밖에 없는데, 그 이유는 누가 뭐라고 해도 우리가 죄인이라는 변함없는 사실 때문입니다.

우리를 진리 안에 세우고, '너는 죄인이며 구원받을 수 없는 엄청난 죄인이니, 지금 네 모습 그대로 죄인 된 너를 사랑하시는 네 하나님께 나오라'고 말하는 것은 경건한 자들이 도무지 이해할 수 없는 복음의 은혜입니다. 하나님은 있는 모습 그대로의 여러분을 원하시며, 여러분에게서 희생이나 공로 같은 것을 바라지 않습니다. 하나님은 오직 여러분만을 원하십니다. "내 아들아 네 마음을 내게 주며."잠 23:26 하나님은 죄인을 구원하기 위해서 오셨습니다. 기뻐하십시오! 이 메시지는 진리를 통해서 주어지는 자유입니다. 하나님 앞에서 여러분 자신을 숨길 수는 없습니다. 하나님 앞에서는 여러분이 사람 앞에서 쓰고 있는 가면이 아무 쓸모가 없습니다. 하나님은 있는 모습 그대로의 여러분을 보고 싶어 하시며, 여러분에게 은혜 베풀기를 원하십니다. 여러분은 자기 자신이나 형제 앞에서 마치 여러분이 죄가 없기라도 한 것처럼 속일 필요가 없습니다. 여러분은 죄인이어도 좋습니다. 이 사실에 대해 하나님께 감사하십시오. 왜냐하면, 하나님은 죄는 미워하시지만, 죄인은 사랑하시기 때문입니다.

그리스도께서는 우리가 그분을 믿을 수 있도록 육신 안에서 우리의 형제가 되셨습니다. 하나님의 사랑이 육신을 입은 그리스도 안에서 죄인들을 찾아오셨습니다. 그리스도 앞에서 우리는 죄인이어도 좋으며, 오직 그럴 때만 도움을 받을 수 있습니다. 그리스도 앞에서 모든 가식은 종지부를 찍게 됩니다. 죄인의 비참함과 하나님의 긍휼, 이것이야말로 예수 그리스도 안에 있는 복음의 진리입니다. 그분의 교회는 이 진리 안에서 살아가야 합니다. 그래서 그리스도는 그분에게 속한 자들에게 죄 고백을 듣고 그분의 이름으로 죄를 용서할 수 있는 전권을 주신 것입니다. "너희가 누구의 죄든지 사하면 사하여질 것이요 누구의 죄든지 그대로 두면 그대로 있으리라 하시니라." 요 20:23

이로써 교회와 교회 안에 있는 형제는 그리스도로 말미암아 우리에게 은혜가 되었습니다. 이제는 형제가 그리스도를 대신하여 서 있습니다. 형제 앞에서 나는 더 이상 위선을 부릴 필요가 없습니다. 이 넓은 세상 가운데서 오직 형제 앞에서만,

나는 본래의 모습 그대로 죄인이어도 좋습니다. 왜냐하면, 이곳에는 예수 그리스도의 진리와 긍휼이 통치하기 때문입니다. 우리를 돕기 위해 그리스도께서는 우리의 형제가 되셨습니다. 그리고 이제는 예수님을 통해 우리의 형제가 예수님께 받은 전권으로 우리를 위한 그리스도가 됩니다. 형제는 하나님의 은혜와 진리의 표지로서 우리 앞에 서 있습니다. 형제는 우리를 돕기 위해 우리에게 선사되었습니다. 그는 그리스도를 대신하여 우리의 죄 고백을 듣고, 그리스도를 대신하여 우리 죄를 용서해 줍니다. 그는 하나님이 그러하시듯 우리가 한 죄 고백의 비밀을 지켜줍니다. 그러므로 내가 형제에게 죄를 고백하러 가는 것은, 곧 하나님께 나아가는 것과 같습니다.

그래서 그리스도인의 공동체에는 형제들 사이에 서로 죄를 고백하고 용서하라는 요청이 있습니다. 이러한 요청은 교회 안에서 하나님의 크신 은혜로 나아오라는 말과도 같습니다.

죄를 고백하는 가운데 **성도의 교제로 가는 돌파**가 이루어집니다. 죄는 인간과 홀로 있기를 원합니다. 죄는 그로 하여금 성도 간의 사귐을 멀리하게 합니다. 그리고 인간이 외로워지면 외로워질수록, 죄의 권세는 더욱더 파괴적이 됩니다. 또한, 인간이 죄 속으로 더 깊이 빠져들어 갈수록, 외로움은 더욱더 절망적이 됩니다. 죄는 드러나지 않은 채 숨어 있기를 원합니다. 죄는 빛을 두려워합니다. 그리고 말로 드러나지 않은 어둠 속에서 죄는 인간의 전 존재를 파괴해 버립니다. 이러한 일이 경건한 공동체 한가운데서 일어날 수 있습니다. 그러나 죄 고백을 하게 되면, 복음의 빛이 어둠 속 깊이 닫힌 마음속으로 뚫고 들어갑니다. 그리고 죄는 빛 가운데 밝히 드러납니다. 말하지 않고 숨겨져 있던 것이 공개적으로 말해지고 알려지게 됩니다. 모든 비밀과 숨겨져 있던 것들이 이제 백주白晝에 드러납니다. 죄를 인정하고 입술로 죄를 고백하기까지는 치열한 싸움이 벌어집니다. 그러나 하나님은 놋문을 깨뜨리시며, 쇠빗장을 꺾으십니다.시 107:16 그리스도인 형제의 얼굴을 대면하여 죄를 고백하는 가운데, 자기 정당화의 마지막 아성이 무너져 내립니다. 죄인은 자기 자신을 내어 맡기고, 자신의 모든 죄악을 내려놓으며, 하나님께 그의 마음을 드리게 됩니다. 그리고 예수 그리스도와 형제들과의 사귐 속에서, 그의 모든 죄가 용서된 것을 발견합니다. 말해지고 알려진 죄는 모든 힘을 잃어버립니다. 죄는 죄로 드러나 심판을 받은 것입니다. 이제는 죄가 더는 성도 간의 사귐을 파괴할 수 없습니다. 이제 성도의 사귐이 형제의 죄를 짊어집니다. 그는 자기 죄와 홀로 있지 않으며, 죄를 고백함과 동시에 그의 죄를 '벗어 버렸고', 그 죄는 하나님께 맡겨졌습니다. 이제 그는 예수 그리스도의 십자가 안에서 하나님의 은혜로 사는 죄인들의 사귐 안에 있습니다. 그는 자기 죄를 고백할 수 있으며, 죄를 고백하는 가운데 참된 성도의 교제를 바로 발견하게 됩니다. 숨겨진 죄는 그를 성도의 사귐에서 떨어지게 하고, 외면상의 모든 사귐을 거짓으로 만들어 버렸으나, 고백된 죄는 그로 하여금 예수 그리스도 안에 있는 형제들과의 참된 사귐에 이르게 한 것입니다.

여기서 말하는 죄 고백이란, 오직 두 명의 그리스도인 사이에서 이루어지는 죄 고백을 말합니다. 전체 교회와 사귐을 다시 회복하기 위해서, 전 교회 성도 앞에서 죄를 고백할 필요는 없습니다. 나의 죄를 고백하고 용서해 준 형제 안에서, 전체 교회가 이미 나를 만나고 있기 때문입니다. 그리하여 한 형제와의 사이에서 다시 발견한 사귐 속에서, 이미 전체 교회와의 사귐이 이루어진 것입니다. 왜냐하면, 여기서는 그 누구도 자기 뜻대로 행하지 않고, 오직 예수 그리스도의 명을 받아서 행하기 때문입니다. 이 사명은 전체 교회에 주어진 것이며, 각 개인은 그 일을 수행하도록 부르심 받았을 뿐입니다. 한 그리스도인이 형제에게 죄를 고백하는 성도의 사귐 속에 있으면, 그는 더 이상 혼자가 아닙니다.

죄 고백 속에서 **십자가로 가는 돌파**가 이루어집니다. 모든 죄의 뿌리는 교만입니다. 나는 나를 위해 존재하길 원하며, 나는 나에 대한 권리가 있고, 나의 미움이나 욕망에 대해, 나의 삶과 죽음에 대해 내 마음대로 할 권리가 있다고 주장하는 것이 교만입니다. 인간의 영과 육은 교만으로 활활 불타오르고 있습니다. 왜냐하면, 인간은 바로 그의 죄악 속에서 하나님처럼 되고 싶어 하기 때문입니다. 형제 앞에서 행하는 죄 고백은 가장 깊은 겸손입니다. 죄 고백은 나를 아프게 하며 작아지게 만듭니다. 죄 고백은 교만을 무섭게 쳐서 무너뜨립니다. 형제 앞에서 죄인으로 서는 것은 참으로 견딜 수 없는 치욕입니다. 그러나 구체적으로 죄를 고백하는 가운데, 옛사람은 형제의 눈앞에서 고통스럽고 치욕스러운 죽음을 맞이하게 됩니다. 이러한 치욕스러운 낮아짐이 너무 힘들어서, 우리는 형제 앞에서의 죄 고백을 피할 수 있는 것이라고 거듭 생각하곤 합니다. 우리의 눈이 너무나도 어두워져 있기에, 그러한 낮아짐 속에 있는 약속과 영광을 더는 바라보지 못하는 까닭입니다. 다른 누구도 아닌 예수 그리스도께서, 우리를 대신하여 만민이 쳐다보는 가운데 죄인의 치욕스러운 죽음을 당하셨습니다. 예수님은 우리를 위해 행악자로서 십자가에 달리는 것을 부끄러워하지 않으셨습니다. 오직 예수 그리스도와의 사귐만이 우리를 죄 고백이라는 치욕스러운 죽음 속으로 이끌어 들입니다. 그리하여 진실로 예수님의 십자가에 참여하도록 합니다. 예수 그리스도의 십자가는 모든 교만을 멸망시킵니다. 예수님께서 그분을 발견하도록 하신 장소, 즉 죄인의 공공연한 죽음의 자리로 나아가기를 꺼린다면, 우리는 예수님의 십자가를 발견할 수 없습니다. 또한, 죄 고백 속에서 죄인의 치욕스러운 죽음을 당하지 않으려고 한다면, 우리는 십자가 지기를 주저하게 될 것입니다. 우리는 죄를 고백함으로써 예수 그리스도의 십자가와 참된 사귐을 이룰 수 있습니다. 우리는 죄 고백 속에서 우리의 십자가를 수긍하게 됩니다. 형제 앞에서, 다시 말해 하나님 앞에서 영적·육적으로 낮아지는 깊은 고통 속에서, 우리의 구원과 축복인 예수님의 십자가를 경험하게 됩니다. 옛사람은 죽습니다. 그러나 옛사람을 이기신 분은 바로 하나님이십니다. 그리고 이제 우리는 그리스도의 부활과 영생에 참여하는 자가 됩니다.

죄 고백 속에서 **새 생명으로 가는 돌파**가 이루어집니다. 죄를 미워하고 고백하며 용서함을 받는 곳에서, 과거와의 완전한 단절이 이루어집니다. "이전 것은 지나갔으니……" 죄와 관계가 끊어지는 곳에 회심이 있습니다. 죄 고백은 곧 회심입니다. "보라, 새것이 되었도다."고후 5:17 그리스도께서 우리와 새로운 시작을 감행하신 것입니다. 첫 제자들이 예수님의 부르심을 듣고 모든 것을 버리고 따라나선 것처럼, 그리스도인은 죄 고백 속에서 모든 것을 버리고 예수님을 따르게 됩니다. 죄 고백은 그리스도를 따르는 삶입니다. 예수 그리스도와 함께하는 삶, 그분의 교회와 함께하는 삶이 시작되었습니다. "자기의 죄를 숨기는 자는 형통하지 못하나 죄를 자복하고 **버리는 자**는 불쌍히 여김을 받으리라."잠 28:13 죄 고백 속에서 그리스도인은 자신의 죄를 버리기 시작합니다. 이제 죄의 권세는 무너졌습니다. 지금부터 그리스도인은 승리에 승리를 거듭하게 됩니다. 세례를 받을 때 우리에게 일어난 그 일이, 죄 고백 속에서 우리에게 새롭게 주어집니다. 우리는 흑암에서 건짐을 받고, 예수 그리스도의 나라로 옮겨졌습니다. 이것이 바로 기쁜 소식입니다. 죄 고백은 세례의 기쁨을 다시금 맛보게 합니다. "저녁에는 울음이 깃들일지라도 아침에는 기쁨이 오리로다."시 30:5

죄 고백 속에서 **확신에 이르는 돌파**가 이루어집니다. 그런데 하나님 앞에서 죄를 고백하는 것이 형제 앞에서 죄를 고백하는 것보다 쉽게 느껴지는 이유는 무엇일까요? 하나님은 거룩하시며 죄가 없으신 분입니다. 하나님은 악에 대한 의로운 심판자시며, 모든 불순종을 대적하십니다. 그러나 형제는 우리처럼 죄가 있고, 은밀한 죄의 밤을 경험하는 자입니다. 그러므로 형제에게 가는 길이 거룩하신 하나님께 가는 길보다 더 쉬워야 하지 않을까요? 만일 그렇지 않다면, 우리는 자신에게 물어보아야 합니다. 우리는 하나님 앞에서 죄를 고백한다고 하면서, 혹여 자신을 속이고 있지는 않았을까요? 어쩌면 죄를 우리 자신에게 고백한 후, 스스로 용서한 것은 아닐까요? 우리가 수도 없이 반복해서 죄에 빠지며 그리스도인으로서 순종하며 살 힘이 없는 것은, 진정으로 죄를 용서받은 것이 아니라 자기 용서에 근거해서 살기 때문은 아닐까요? 자기 용서는 결코 죄와의 단절을 가져다줄 수 없습니다. 오직 심판하며 용서하시는 하나님의 말씀만이 우리를 죄로부터 단절시킬 수 있습니다. 그런데 죄 고백과 죄의 용서가 우리 자신이 아니라, 살아 계신 하나님에 의한 것이라는 확신을 누가 우리에게 줄 수 있습니까? 이러한 확신은 하나님께서 형제를 통해 우리에게 주십니다. 형제는 자기기만의 사슬을 끊어 줍니다. 형제 앞에서 죄를 고백하는 자는, 그가 그 자리에 홀로 있는 것이 아님을 알며, 다른 사람의 현존 속에서 하나님의 임재를 경험하게 됩니다. 내가 나의 죄를 고백하면서 홀로 있다면, 모든 것이 어둠 속으로 가라앉아 버리고 말 것입니다. 그러나 형제 앞에서는 죄가 환하게 드러납니다. 죄는 언젠가는 드러나게 될 것이므로, 오늘 나와 형제 사이에서 드러나는 것이, 마지막 날 최후 심판의 빛 속에서 드러나는 것보다 나을 것입니다. 그러므로 우리가 형제에게 죄를 고백할 수 있다는 것은 하나님의 은혜입니다. 이렇게 죄를 고백함으로써 최후 심판의 공포에서 벗어날 수 있도록 우리를 도우시기 때문입니다. 내게 형제를 주신 것은, 내가 형제를 통해 이미 이곳에서 하나님의 심판과 은혜의 실재를 확신하도록 돕기 위함입니다. 형제 앞에서 죄의 고백이 이루어질 때, 나의 죄 고백이 자기기만에서 벗어날 수 있듯이, 용서의 약속도 형제가 하나님의 위탁하심을 받아 하나님의 이름으로 선포할 때에만 내게 확실한 것이 됩니다. 하나님은 우리에게 거룩한 용서의 확신을 주시려고 형제 앞에서 죄를 고백하도록 하신 것입니다.

이러한 확신을 얻기 위해서는, 죄를 고백할 때 **구체적으로** 고백하는 것이 중요합니다. 일반적으로 죄를 고백하는 것은 자기 자신을 정당화할 뿐입니다. 인간 본성의 완전한 상실과 타락은 나 자신이 경험하는 특정한 죄 속에서 깨달아 알 수 있습니다. 그러므로 십계명에 기초해서 살펴보는 것이 올바른 죄 고백을 준비하는 데 도움이 될 것입니다. 그렇게 하지 않으면 형제에게 죄를 고백하면서도 위선자가 될 수 있고, 위로를 받지 못하는 결과를 초래할 수도 있습니다. 예수님은 죄가 명백하게 드러난 사람들, 즉 세리와 창녀들을 상대하셨습니다. 그들은 왜 용서가 필요한지 알았고, 그들의 특정한 죄에 대하여 용서를 받았습니다. 소경 바디매오에게 예수님은 "네게 무엇을 하여 주기를 원하느냐?"라고 물으셨습니다.막 10:51 우리는 죄를 고백하는 자리에서 이 질문에 대한 분명한 답을 알고 있어야 합니다. 우리는 죄를 고백할 때, 그 자리에서 고백하여 드러난 특정한 죄를 용서받습니다. 그러나 그 용서 속에서 우리는 자신이 인식하는 죄와 인식하지 못하는 죄를 모두 용서받는 것입니다.

이 모든 것은 무엇을 말합니까? 형제에게 죄를 고백하는 것이 하나님의 법이라는 뜻입니까? 죄 고백은 율법이 아니라, 죄인을 위한 하나님의 도우심이라는 선물입니다. 물론 죄 고백 없이도 하나님의 은혜로 확신과 새 생명, 십자가와 성도의 교제로 돌파해 나가는 사람이 있을 수 있습니다. 그리고 하나님 앞에서 단독으로 한 고독한 죄 고백을 통해서도, 그에게 선사된 용서와 죄 고백의 은혜에 대해 한 번도 의심해 본 적이 없는 사람이 있을 수 있습니다. 그러나 여기서 말하는 것은 홀로 참된 죄 고백에 이를 수 없는 사람들을 위한 것입니다.

마르틴 루터도 형제에게 죄를 고백하지 않고는 그리스도인으로 살 수 없다고 생각한 사람 중 하나였습니다. 그는 『대교리문답서』에서 이렇게 말하고 있습니다. "그러므로 내가 죄 고백을 하도록 엄하게 훈계하는 것은, 바로 그리스도인이 되라고 엄하게 훈계하는 것과 같다". 아무리 찾고 애써도 성도의 교제가 주는 기쁨과 십자가와 새 생명과 확신의 기쁨을 발견하지 못하는 사람에게, 죄 고백을 통해 주어지는 하나님의 선물을 제시해 주어야 합니다. 죄 고백은 그리스도인의 자유에 속한 것입니다. 그러나 하나님께서 필요하다고 생각하셔서 주신 도움을 거절하고도 화를 입지 않을 사람이 과연 있겠습니까?

그러면 죄 고백은 누구에게 해야 합니까? 예수님의 약속에 의하면, 모든 그리스도인 형제들은 다른 사람의 죄 고백을 들어줄 수 있습니다. 그러나 그 형제가 과연 우리를 이해할 수 있을까요? 어쩌면 그리스도인으로서 그의 삶은 우리보다 고결하기에, 우리의 개인적인 죄를 이해하지 못하고, 도리어 우리를 외면해 버리지는 않을까요? 그러나 예수님의 십자가 아래 사는 사람, 예수님의 십자가 안에서 모든 인간과 자신의 깊은 죄성을 인식한 사람에게는 그 어떤 죄도 낯설지 않습니다. 예수님을 십자가에 못 박은 자신의 죄에 대해 경악을 금치 못한 적이 있는 사람은, 형제의 가장 심각한 죄에도 더는 놀라지 않습니다. 그는 예수님의 십자가에 근거하여 인간의 마음을 인식합니다. 그는 인간의 마음이 죄와 연약함 속에 철저히 상실된 상태이며, 죄의 길에서 방황한다는 사실을 알고 있습니다. 또한, 인간의 마음이 은혜와 긍휼 안에서 받아들여졌다는 사실도 알고 있습니다. 그러므로 오직 십자가 아래 있는 형제만이 나의 죄 고백을 들어줄 수 있습니다. 죄 고백을 들어줄 수 있도록 하는 것은 삶의 경험이 아니라, 십자가 체험입니다. 인간에 대해 가장 많은 경험을 쌓은 사람도 예수님의 십자가 아래 거하는 소박한 그리스도인이 아는 만큼 사람의 마음을 알지 못합니다. 가장 위대한 심리학적 통찰력과 재능, 경험을 가진 사람일지라도 오직 하나, 즉 '죄가 무엇인지'에 대해서는 이해할 수 없습니다. 그들은 인간의 곤궁과 연약함과 실패는 알지만, 인간의 죄성은 알지 못합니다. 그러므로 그들은 인간이 오직 죄로 인해 멸망에 이르게 되며, 오직 용서에 의해서만 구원받을 수 있다는 사실을 이해하지 못합니다. 오직 그리스도인만이 이 사실을 알고 있습니다. 심리학자 앞에서 나는 단지 환자에 불과하지만, 그리스도인 형제 앞에서 나는 죄인이어도 좋습니다. 심리학자는 우선 나의 마음을 탐구해야 하지만, 마음속 가장 깊은 곳에 무엇이 있는지는 알지 못합니다. 그러나 그리스도인 형제는, 자기를 찾아온 사람이 자신과 같은 죄인임을 압니다. 또한, 하나님 없이 살던 그가 하나님의 용서를 갈망하며 죄 고백하기를 원한다는 사실을 이해합니다. 심리학자는 마치 하나님이 존재하지 않는 것처럼 나를 바라보지만, 형제는 예수 그리스도의 십자가 안에서 심판하시고 긍휼을 베푸시는 하나님 앞에서 나를 바라봅니다. 우리가 형제의 죄 고백을 들어주는 데 인색하고 서투르다면, 그것은 심리학적인 지식이 부족해서가 아니라, 십자가에 달리신 예수 그리스도에 대한 사랑이 부족하기 때문입니다. 날마다 예수님의 십자가와 더불어 진실하게 살아가는 그리스도인이라면, 형제를 심판하는 마음이라든지 무엇에든 관대한 연약한 마음이 사라지고, 하나님의 엄위하신 영과 사랑의 영을 받아 행하게 될 것입니다. 그에게는 하나님 앞에서 죄인으로서의 죽음과 함께, 은혜로 말미암아 죽음에서 다시 생명에 이르는 삶이 날마다 현실로 나타날 것입니다. 그는 죄인의 죽음을 통해 하나님의 자녀 된 삶으로 인도하는 자비로우신 하나님의 사랑으로 형제를 사랑할 것입니다. 누가 우리의 죄 고백을 들어줄 수 있습니까? 우리의 죄 고백을 들어줄 수 있는 사람은 자기 자신이 십자가 아래 살아가고 있는 사람입니다. 십자가에 달려 죽으신 예수님에 관한 말씀이 생생하게 살아 있는 곳에는 또한 형제 사이의 죄 고백이 있을 것입니다.

죄를 고백하는 그리스도인 공동체는 두 가지 위험을 경계해야 합니다. 첫째 위험은 죄 고백을 듣는 사람과 관계된 것입니다. 한 사람이 모든 사람의 죄 고백을 듣는 것은 좋지 않습니다. 그 사람에게 너무 과중한 부담이 되기 쉬우며, 그 결과 죄 고백이 그에게 공허한 행위가 되어 버릴 위험이 있기 때문입니다. 그로 인해 죄 고백이 악용되어 다른 사람들을 영적으로 억압하며 지배하는 불행한 결과를 낳을 수도 있기 때문입니다. 이러한 끔찍한 위험에 빠지지 않으려면, 죄 고백을 해보지 않은 사람은 죄 고백을 듣는 일이 없도록 삼가야 할 것입니다. 오직 겸손히 낮아진 사람만이 자기 자신에게 해가 되지 않으면서 죄 고백을 들어줄 수 있습니다.

둘째 위험은 죄를 고백하는 자와 관계된 것입니다. 죄를 고백하는 자는 자기 영혼의 구원을 위해서, 죄 고백이 경건한 공로가 되는 것을 경계해야 합니다. 만약 그렇게 되어 버린다면, 죄 고백은 가장 가증스럽고 비참하며 너무도 불순한 최악의 상태에 마음을 내어주고 마는 결과를 초래할 것입니다. 이것은 가장 방탕한 수다에 불과합니다. 죄 고백을 경건한 행위로 여기는 것은 악마의 생각입니다. 오직 하나님의 은혜와 도우심, 용서만을 바라보지 않는다면, 감히 죄 고백의 심연으로 들어가려고 하지 말아야 할 것입니다. 우리가 죄를 고백하는 것은 오직 사죄의 약속이 있기 때문입니다. 공로로 여기며 하는 죄 고백은 영적인 죽음이지만, 약속을 바라보며 하는 죄 고백은 생명입니다. 오직 죄의 용서만이 죄 고백의 근거와 목적입니다.

죄 고백은 그리스도의 이름 안에서 그 자체로 완결된 행위이며, 공동체에서는 요청이 있을 때마다 실행해야 할 것입니다. 특히 죄 고백은 그리스도인의 공동체에서 공동으로 거룩한 **성찬**을 준비하는 데 이바지합니다. 하나님과 사람과 더불어 화해한 그리스도인들은 예수 그리스도의 살과 피를 받기를 원합니다. 그 누구도 형제와 화해하지 않고서는 제단에 예물을 드릴 수 없다는 것이 예수님의 명령입니다. 이 명령은 모든 예배의 순간에 해당하며, 당연히 모든 기도에도 해당됩니다. 또한 성례에 참여할 때 반드시 명심해야 할 말씀이기도 합니다. 공동으로 성찬을 하기에 앞서 그리스도인 공동체의 형제들은 한자리에 모여, 각 지체가 다른 지체에게 지난날의 잘못에 대해 용서를 구하는 시간을 가집니다. 형제에게 잘못을 고백하고 용서를 구하는 일을 꺼린다면, 아무도 주님의 식탁에 나아갈 준비가 되었다고 할 수 없습니다. 형제들이 함께 성례에 참여하여 하나님의 은혜를 받고자 한다면, 먼저 모든 분노와 분쟁, 질투, 악담, 형제 사이의 불화들을 회개하고 버려야 합니다. 형제에게 용서를 비는 것은 아직 죄 고백이라고 할 수 없지만, 오직 그렇게 하는 사람만이 예수님의 분명한 명령 아래 있다는 사실만큼은 확실합니다.

성찬을 준비하는 가운데 모든 개인의 마음에는 자신을 불안하게 하고 괴롭히는 죄, 오직 하나님만이 아시는 특별한 죄에 대해 용서의 확신을 얻고자 하는 갈망이 생깁니다. 이렇게 갈망하는 마음에서 형제들 사이에 죄 고백이 이루어지며, 사죄의 은혜가 선포되는 것입니다. 자신의 죄에 대한 극심한 불안과 고통이 있는 곳, 용서의 확신을 간절히 구하는 곳에, 예수님의 이름으로 행해지는 형제들 사이의 죄 고백으로 나아오라는 초청이 주어지는 것입니다. 예수님께서 죄를 사해 주셨다는 이유로 신성모독이라는 비난을 받으셨던 때와 동일한 일이, 이제 예수 그리스도의 임재의 능력 안에서 그리스도인 공동체에서도 일어나게 됩니다. 예수 그리스도의 현존하시는 능력 안에서 그리스도인의 공동체는 죄 사함을 선포하게 되는 것입니다. 한 형제가 삼위일체 하나님이신 예수님의 이름으로 다른 형제의 모든 죄를 용서할 때, 하늘의 천사들은 회개하고 돌아온 죄인으로 인해 기뻐하게 됩니다. 이렇게 성찬을 준비하는 시간은 형제들의 권면과 위로가 가득한 시간이며, 기도와 떨림과 기쁨으로 충만한 시간입니다.

성찬을 하는 날은 그리스도인의 공동체에 허락된 가장 기쁜 날입니다. 마음으로부터 하나님과 형제들과 더불어 화해하면서 교회는 예수 그리스도의 살과 피의 은혜를 영접하며, 그 안에서 용서와 새 생명, 행복을 받아 누리게 됩니다. 하나님과 사람과의 새로운 사귐이 그들에게 선사된 것입니다. 거룩한 성찬의 교제는 그리스도인 공동체의 완성 그 자체입니다. 교회의 지체들이 주님의 식탁에서 살과 피로 하나가 된 것처럼, 그들은 영원히 서로 함께 거하게 될 것입니다. 이곳에서 공동체는 그 목적에 다다르는 것입니다. 이곳에서 그리스도와 그분의 교회에 대한 기쁨은 완전해집니다. 말씀 아래 함께하는 그리스도인의 공동생활은 성례에서 성취되는 것입니다.

찾아보기

성구

주제·인명

ㅅ

옮긴이의 글

디트리히 본회퍼의 저서를 번역하는 일이 제게 맡겨졌다는 사실은 신비로울 정도로 큰 은혜였습니다. 제가 처음으로 디트리히 본회퍼의 저서를 접한 것은 독일 함부르크 대학에서 수학하며, 유학생 부부로서 기숙사 생활을 할 때였습니다. 그 당시 저는 기독교 신앙이 왜 정도正道에서 벗어나게 되며, 하나님께서 원하지도 기뻐하지도 않는 형식적인 제사를 드리는 곁길로 가게 되는지 알고 싶었습니다.

그래서 우선 마르틴 루터 전기와 그의 저서를 도서관에서 빌려 와서 읽었습니다. 그러면서 마르틴 루터가 왜 『그리스도인의 자유』라는 책을 써야만 했는지, 인간이 얼마나 자유인이 되기보다 종이 되는 길을 택하기를 잘하는지, 진정으로 자유인이 되기 위해서는 물결을 거슬러 헤엄치는 연어처럼 살아 있고 깨어 있어야 하며, 오직 진리에 순종할 수 있는 용기가 있어야 함을 뼈저리게 깨달았습니다. 그러다가 알게 된 분이 디트리히 본회퍼였고, 저는 거의 빠져들다시피 그의 모든 저서와 그에 관한 책들을 읽기 시작하였습니다.

독일은 종교개혁의 나라요, 종교개혁 이후 시간이 흐르면서 다시 부패해 가던 개신교 개혁의 하나로 경건주의 운동이 일어난 기독교 국가였습니다. 바흐의 음악과 칸트의 철학, 괴테와 쉴러의 문학이 가히 문화 민족이라 칭함 받기에 손색이 없는 나라였습니다. 그런데 바로 이 나라에서 히틀러가 등장했고, 600만 유태인 대학살이라는 어처구니없는 일이 벌어졌습니다. 나치 독일의 유태인 대학살은 히틀러와 나치당만의 범죄가 아니라, 독일 사회가 인종차별주의에 동조하는 구조 악에 따른 범죄라고들 말합니다. 미국인이자 유태인 역사학자 마이클 베렌바움Michael Berenbaum은 그의 저서에서 "국가(독일)의 정교한 관료제의 모든 부서가 학살 과정에 관여하였다. 독일 교회와 내무부는 유태인들의 출생기록을 제공하였고, 우체국은 추방과 시민권 박탈 명령서를 배달했으며, 재무부는 유태인의 재산을 몰수하였고, 독일 기업들은 유태인 노동자를

해고하고 유태인 주주들의 권리를 박탈하였다"라고 기록하고 있습니다.•

기독교 국가요 문화 민족이라고 자타가 공인하던 나라에서 어떻게 이런 일이 일어날 수 있었을까요? 많은 사람이 기독교에 등을 돌리고 욕을 하더라도 아무 할 말이 없는 상황이었습니다. 아마도 기독교에 대해 냉소적인 사회 분위기는 요즈음 한국의 현실과 비슷하지 않았을까 싶습니다.

디트리히 본회퍼는 그 혼탁하고 엄혹한 시대 가운데서도 예수님만이 유일한 진리이며 구원이심을 믿고, 그가 매인 바 된 진리에 순종하여 순교자의 길을 묵묵히 걸어간 하나님의 사람이었습니다. 그는 거짓이 어떻게 진리의 모습으로 위장하여 하나님의 자녀들을 기만할 수 있는지 꿰뚫어 보았습니다. 그 한 예로 '인간적인 사랑'과 '영적인 사랑'의 차이를 명명백백하게 드러내고 있습니다. "인간적인 사랑은 제어되지 않으며, 제어될 수도 없는 어두운 욕망에 의해 움직이지만, 영

• Michael Berenbaum, *The World Must Know: The History of the Holocaust as Told in the United States Holocaust Memorial Museum*(Baltimore: Johns Hopkins University Press, 2005) 103.—옮긴이

적인 사랑은 '진리'Wahrheit를 통한 질서 있는 섬김의 선명한 빛 안에서 움직입니다. 인간의 영혼에 기초한 사랑은 인간적인 예속과 속박을 초래하고 부자연스럽게 만들지만, 영적인 사랑은 형제로 하여금 말씀 아래서 '자유'Freiheit를 누리게 합니다. 인간적인 사랑이 온실에서 인위적으로 꽃을 피우는 것이라면, 영적인 사랑은 하나님의 자유로운 하늘 아래서 비바람을 맞고 햇빛을 받아 견실하고 건강하게 자라서 하나님께 기쁨이 되는 '열매들'Früchte을 맺게 하는 것입니다"(1장 '성도의 교제' 중에서).

『성도의 공동생활』은 한 달 남짓한 짧은 시간에 단숨에 써 내려간 책으로 알려졌으며, 디트리히 본회퍼가 남긴 마지막 작품으로서 가히 '백조의 노래'(작가가 죽기 전에 마지막으로 지은 시가나 가곡 따위를 일컫는 말로서, 백조는 죽기 직전에 가장 아름답게 노래한다는 북유럽의 전설에서 유래한 말이다)라 할 만한 저서입니다. 이 책을 읽는 독자는 이미 너무 많이 들어서 진부할 정도일 테지만, 그런데도 왜 성경을 사랑하고 읽어야 하는지 그 이유를 다시 한 번 마음 깊이 새기게 될 것입니다. 그리고 왜 기도하고 중보기도하며 회개하고 거룩한 성찬을 나누며 성도의 교제를 이루어 나가야 하는지를 깨달아, 기독교인의 삶에서 예나 지금이나 변할 수 없는 토대 위에 견고하게 서게 될 것입니다. 이 책을 읽는 독자들은 제가 그랬듯, '그리스도인으로 산다는 것'이 무엇인지 영혼의 떨림 속에서 옷깃 여미고 겸허히 배울 수 있을 것이라 믿어 의심치 않습니다.

1906년 2월 4일에 태어난 디트리히 본회퍼의 삶은 한겨울 꽁꽁 얼어붙은 땅을 뚫고 올라와서 피기 시작하는 '크로커스'Krokus라는 꽃과 참 많이도 닮았습니다. 크로커스는 아직도 북풍 몰아치는 추운 겨울에 연한 싹을 내고 아름다운 꽃을 피웁니다. 때로는 하얀 눈에 완전히 뒤덮여 그 연한 꽃잎이 시들어 버릴 법도 하지만, 해가 나면 다시 활짝 피어나 주위를 환하게 밝히며 봄이 오고 있음을 알려 줍니다. 사프란 향기로 유명한 크로커스가 성경에서 말하는 '샤론의 장미'일 것으로 추측하는 학자들도 있습니다. 이 책을 읽는 독자들에게 삶의 현장에서 그리스도의 향기를 전하는 아름다운 예수님 제자의 삶을 사는 축복이 함께하기를 소망합니다.

독일 칼스루에 근교에서

정현숙